間違いだらけの海外留学

親と子に贈る「**成功**」のルール

条原京美…著
（留学コンサルタント）

大修館書店

はじめに

私は、留学コンサルタントとして、多くの留学生の世話をする仕事を、18年続けてきた。子どもたちが、留学をきっかけに、ひとりの人間として自立し、自分たちの可能性を大きく花開かせていく様子を間近で見ることは、この仕事だからこそ味わえる、何ものにも代え難い喜びと言えるだろう。

しかし、最近、「これでいいのだろうか」「何か違うのではないか」という想いを抱かざるを得ないケースにたびたび遭遇するようになった。特に実感するのは、信頼関係が築かれていない親子があまりにも多すぎ、そうした家庭の子どもが、しばしば留学で成果を挙げられないという現実である。非常に辛いことだが、私自身、そうした親子関係を、どうしても良い方向に持っていくことができず、「この子の留学はこれでよかったのだろうか?」と後悔するような結果を、何度も経験してきた。

留学と親子関係に、いったいなんの関連性があるのかと、疑問に思われるかもしれない。だが、留学を成功させるカギは、決して英語力などではなく（もちろん、あればいいには決まっているが）、親と子の絆なのだと、私は声を大にして言いたい。詳しいことは、本書を読んでいただきたいが、留学ブームに安易に乗って、貴重なお金と時間を無駄にする前に、親子の関係を、どうか、しっかりと見直してほしい。その想いが、この本を書くきっかけとなった。

子どもの留学は、親子の絆を強める上でも、また当の子どもだけでなく親も成長できる、絶好の機会である。親も一緒に成長しなければ、子どもも成長しない。子どもは、親が思っている以上に、親のことをよく見ているのだ。

本書には、私が経験してきた、数々の「ダメな例」が登場するが、「だから留学しても無駄なんだ」「留学しない方がマシ」などとは思わず、それらを反面教師にして、留学を通し、子どもたちの将来に大きなチャンスを与えてほしい。それこそが私の願いである。

「間違いだらけの海外留学」　目次

はじめに……iii
本書を読むための留学基礎用語……xii
第1章　この20年で留学事情はこんなに変わった……3
・留学に親の反対はあたりまえだった　―3
・日本人が歓迎されていた時代　―5
・多様化する今の留学　―7
・今の親は留学に積極的だが…　―9
・これからの留学に求められるもの　―11
コラム①　「留学コンサルタント」ってどんな仕事?〈その1〉―14

第2章　こんな理由で留学させてはいけない……18

・〈ケース1〉受験戦争に落ちこぼれたから　19
・〈ケース2〉「不登校」など、日本で抱える問題からの逃避　21
・〈ケース3〉インターナショナル・スクールの代わりに　24
・〈ケース4〉子どもの面倒を見られない　25
・〈ケース5〉日本語より英語を優先して身に付けさせたい　27
・〈ケース6〉子どもを海外の有名大学に入学させたい　28
コラム②「留学コンサルタント」ってどんな仕事？〈その2〉　31

第3章「成功する」留学先を選ぶために……34

・留学の目的をはっきりさせよう　35
・有名校にこだわるより、「実力校」を選ぼう　37
・育った環境とギャップが少ないところを選ぼう　39
・公立校と私立校の違いをよく見極めよう　41
　少人数教育で進学熱心な私立校　42
　地域密着、多彩なプログラムが公立校の魅力　44
・国によって留学事情はこれだけ違う　47

アメリカ：広大な国土と多様性・選択幅の広さでは一番 —47
カナダ：ハイレベルな教育と大自然が魅力 —50
イギリス：国際的な全人教育の場に世界中から生徒が集う —53
スイス：英語以外の語学習得と国際的環境で過ごす —56
オーストラリア：個性的で親日的なコスモポリタン社会 —60
ニュージーランド：トップレベルのホームステイと良好な教育環境 —63
・寮とホームステイのメリット、デメリット —67
規則正しい生活が身に付くが、プライバシーが少ない寮生活 —68
相性がカギとなるホームステイの良し悪し —70
コラム③ 海外ならではのユニークな学校〈その1〉
世界一周船の学校 Class Afloat —— 75
コラム④ 海外ならではのユニークな学校〈その2〉
山の中がキャンパス Geelong Grammar School —— 79
第4章 留学先の情報収集には、絶対手抜きをしない …… 82
・インターネットで基本データと最新情報をチェック —82
・パンフレットで得られる情報は見逃せない —84

・生きた情報はOB、OGの体験談から —86
・留学のプロのサポートがあれば心強い —88
・百聞は一見に如かず、学校訪問の大切さ —92
コラム⑤ 留学前にしておくべき英語の勉強 —96

第5章 子どもの留学中に親がしてはならないこと……98
・子どもに大金を与える —98
・子どもに贅沢をさせる —102
・子どもをほったらかしにする —103
・子どもと一緒に悩んでしまう —107
・子どもをホームシックにさせる —112

第6章 どんな子どもが留学先で嫌われるのか……114
・ホームステイ先で嫌がられるケース
〈ケース1〉 自分の部屋に閉じこもり、パソコンやゲーム三昧 —115
〈ケース2〉 無断外泊を繰り返す —118
〈ケース3〉 自分は「お客様」だと勘違い —120

〈ケース4〉ホスト宅で髪を染める 122
・留学先を退学になるケース
〈ケース1〉ドラッグ、タバコ、お酒 124
〈ケース2〉嘘をつく 127
〈ケース3〉カンニング、盗作 128
〈ケース4〉就寝時間を守れない 129
〈ケース5〉無断欠席が多く、全く勉強しない 130
〈ケース6〉自殺未遂 132
コラム⑥ 日本人留学生が被害に遭いやすい窃盗 138
第7章 ただ今、「親子留学」が急増中 140
・親の留学に子どもを巻き込まないで 140
・父親抜きの長期留学は離婚の危機!? 146
・英語ができない親は子どもに取り残される 147
・子どもの自立を妨げる親の過干渉 151
・苦労は半分、楽しみは倍以上の「家族留学」 153

第8章　低年齢児が行くサマースクールの実態……158
・まずはサマースクールを体験してみよう　158
・親の前では「いい子」が豹変する　160
・カギとなるのは語学力より表現力　161
・携帯を持たせられた子は孤立する　162
・子どもが楽しめるサマースクールの過ごし方　163
・サマースクールの経験を生かすために　166
第9章　「成功する」留学に必要な親子の絆……169
・子どもが小さいうちは、親と離れて住まない　169
・子どもの成長には、親から離れることが必要　170
・ひとりになったら、子どもは「自立」を目指す　172
・「成功する」留学は、子どもに自信と生きる意欲を与える　174
おわりに……177

巻末付録

[1] 留学情報収集に役立つサイト一覧 —181
[2] ホームステイ先に書く手紙の文例 —183

■本書を読むための留学基礎用語

・パブリック・スクール（Public School）
イギリスの中高一貫で寄宿制の私立校のこと。イギリス全土で２００あまりあり、イートン校、ハロー校、ラグビー校などが有名。なおアメリカでは公立校のことを指す。

・ボーディング・スクール（Boarding School）
欧米の私立学校に多く見られる寮制中等教育学校のこと。イギリスのパブリック・スクールの他、アメリカでも一流大学への進学者の多くがボーディング・スクール出身である。

・ＥＳＬ（English as a Second Language）
英語を母語としない学生を対象とする英語の補習授業のこと。私立では英語のＥＳＬだけではなく他の教科についても用意している学校もある。ＥＦＬと言う国もある。

・ガーディアン（Guardian）
イギリス、オーストラリア、ニュージーランドに留学する際、現地で留学生の保護者代わりをする大人の後見人。イギリス、オーストラリアの小・中学・高校に単身で留学する場合、多くの学校がガーディアンがいることを入学条件とする。病気や事故などの緊急時の対応の他、寮が閉まる休暇中のホームステイ先の提供などをする。

・保証金

入学時に一度だけ支払うもので、生徒が学校を離籍するときに返金される。スイスのインターナショナルスクールやイギリス系の学校に多い。

・Rep (Representative)

学校側が用意している各国留学生の代表者。卒業生がなる場合が多い。通学している現学生の日本人に直接連絡を取って話を聞きたい場合、その親の連絡先などを教えてくれる。

・TOEFL® (Test of English as a Foreign Language)

英語運用能力測定テスト、トーフルと称される。アメリカ・カナダ・イギリス・オーストラリアなどの大学等5、000校以上が、英語を母語としない入学申請者に対してスコアの提出を要求している。TOEFLには、PBT（Paper Based Testing・ペーパーで受験する試験）、CBT（Computer Based Testing）、iBT（Internet-based Testing・日本では2006年7月に導入）がある。iBTには、スピーキングが導入され、「読む」「聴く」「書く」「話す」の総合英語力が問われる。試験時間も約4時間で、満点は120点。

間違いだらけの海外留学

――親と子に贈る「成功」のルール

第1章　この20年で留学事情はこんなに変わった

――留学に親の反対はあたりまえだった――

私が留学コンサルタントとして、この仕事を始めた1988年は、「高校卒業留学」（1年間の交換留学ではなく、卒業を目的とした高校留学）という言葉がやっと世間に広まり始めた頃であり、ましてや、小学生の留学なんてとんでもない、中学までの義務教育は日本で終わらせなければならないという考えが一般的だった。この頃の留学は、語学留学や短大・大学留学が主流で、子どもの高校教育を海外で受けさせようという親は少なかった。

初回のカウンセリングに来るのは、子ども1人というケースが多く、ほとんどの親は子どもの留学に、最初は反対だった。1年間の交換留学ならまだしも、日本の高校に行かず、海外で3年間を過ごすとなると、その後の大学進学を含めた先行きがわからないという、当時の親の気持ちもわかる。海外で高校を卒業しても、高校修了とはみなされず、日本に戻ってからさらに大学検定試験を受けなければ、日本の大学を受験する資格を得られない、と思っていた親も多い。（実際は、海外で高校を含む12年間の教育を修了していれば、高校卒業とみなされ、日本の大学の受験資格が得られる。）

子どもたちから、「どうしたら親が賛成してくれるようになるでしょうか？」「親を説得する方法を教えてください」と、聞かれることはしょっちゅうだった。彼らの熱い思いに打たれた私は、考えられる限りのアドバイスをした。

普段の生活がだらしない子には、「親が起こさなければ、朝だってまともにひとりで起きられないのだから、海外に行って、ひとりでまともな生活を送れるはずがないと、親が思うのはあたりまえ。まずは、一番うるさい目覚まし時計を買って、自分で起きるようにすること！」など、まず、生活面で自立した姿を見せるように言った。

また、家で全く勉強しない子どもには、「少なくとも30分は机の前に毎日座って、勉強する習慣を身に付けること。そして、勉強する姿を親に見せること」と助言した。家で子どもが勉強する姿を全く見たことがなければ、海外の学校に行ってもちゃんと勉強できなくて、結局、日本に戻ってくるようになると親に思われてもしょうがないからだ。

そして、どの子にも必ずやらせた「口説き落とし作戦」は手紙だ。「口では親にかなうはずはないから、自分の思いはなかなか伝わらないでしょう。だったら、手紙を毎日親に書いて、自分がこんなに真剣に留学を考えているんだということを訴えなさい！」

私のアドバイスを受けて、子どもたちは、自分たちのやる気を親に伝えるために、精一杯の努力をした。朝、ひとりでは起きられなかった子も、自分でちゃんと早起きができるようになったし、家での毎日の勉強が功を奏し、成績がかなり良くなって、親が驚いたという子もいる。毎日、何枚もの手紙を書き続けた子どもたちの真剣さと根気に負けた親は多い。子ども達自身も、留学中、何度も帰りたいと思ったときに、自分がどんなに大変な思いをして、親から留学を勝ち取ったのかを思い出して、困難を乗り切っていったはずだ。

――日本人が歓迎されていた時代――

その頃は、まだメールやインターネットは普及しておらず、ファックスさえ留学先に用意されていないことも多かった。海外で高校を卒業した日本人も少なく、情報を得る手段は、各学校からパンフレットを取り寄せたり、アメリカやイギリスで出版されている学校情報を参考にしたり、実際に学校訪問するしかなかった。

今では一般的となったＥＳＬ（英語を母語としない生徒を対象とする英語の補習授業）を用

意している学校は少なかったし、ヨーロッパや中南米からの留学生は受け入れていても、日本人留学生を受け入れた経験がある学校も少なく、日本人の考え方や気質をわかってもらうのに、コンサルタントの立場から、事細かに説明しなければならなかったこともある。

ヨーロッパや中南米から来た留学生は、母語と英語の語彙や文法が似たところもあるので、文法は間違っていても、とりあえずは話せることが多い。一方、日本人留学生は、リスニングとスピーキングの能力が低いので、英語力が低いと判断されがちだが、「読み書き、文法力には優れている子が多いので、問題があったら、紙に書いて伝えてほしい」と依頼したり、また、「授業中や生活の場で話をしないことが多いので、日本人はshy（恥ずかしがりや）だと思われがちだが、それは事実ではなく、単に英語力がないので、発言できないだけである」と説明したりもした。しかしその頃は、どの学校も日本人の受け入れには興味を示してくれていたため、入学の基準も低く、成績が平均点を取っていれば、英語力もそれほど高いものを要求されないというメリットもあった。

しかし、バブルの絶頂期を迎えていた平成元年からは、高校留学する日本人留学生の数が増加した。私のオフィスでも、4つしかないカウンセリング・テーブルが常に満席となり、順番待ちのご家族に玄関口で待ってもらわなければならなかったこともある。

特に、留学生の受け入れ制度を緩和したオーストラリア、ニュージーランドへの留学（次項参照）は、１９９０年代に入って増加の一途をたどった。

中には、経済的に豊かな日本人をひとりでも多く入学させて、学校経営を楽にしたいがために、成績表や推薦状の提出なしでも日本人志願者の入学を許可したところもあった。そのような学校は、やる気もなく、無断欠席を続ける等のトラブルを起こす日本人を多く受け入れる結果になり、時間やお金を浪費して、彼らが起こす問題を解決しなければならなくなった。

また、入学時に英語力を問わなかった学校には、英語力がない日本人留学生が多数入学したため、彼らを対象とする英語の特別プログラムを作らざるを得なくなったり、教員が英語力のない留学生に多くの時間を費やし、負担を強いられることになった。

問題児や英語力のない日本人を入学させ、痛い思いをした学校は、当然のことながら入学基準を設けるようになり、日本での学習状況や生活態度、そして英語力の証明を求めることが一般化し、簡単に入学できるという時代は終わった。

――多様化する今の留学――

今から20年前は、留学先と言えば、アメリカ、イギリスが大半で、非英語圏ではスイスぐらいであった。今では、英語を母語とする国としては、カナダ、オーストラリア、ニュージーランド、アイルランドが加わっている。特に、1985年からはオーストラリアが、1990年からはニュージーランドが、フル・フィー・ペイイング（full fee paying・授業料をすべて自費で支払えば、中学・高校へ留学できる）という制度を導入したことにより、オセアニアへ留学する中・高校生が、ここ10数年で10倍に増えており、それが中・高校生での留学を一般化させたと言えるだろう。（図1に見られるとおり、オセアニアへの留学件数は右肩上がりである。）また、西欧諸国のみならず、アジアや中米にあるアメリカンスクールに留学する子も出てきており、留学先の多様化がうかがえる。

　以前では考えもしなかった、小学生・中学生からの留学も徐々に増えてきた。以前から日本の教育に疑問を抱いていた親が、2002年施行の学習指導要領から始まった「ゆとり教育」でさらに不満を募

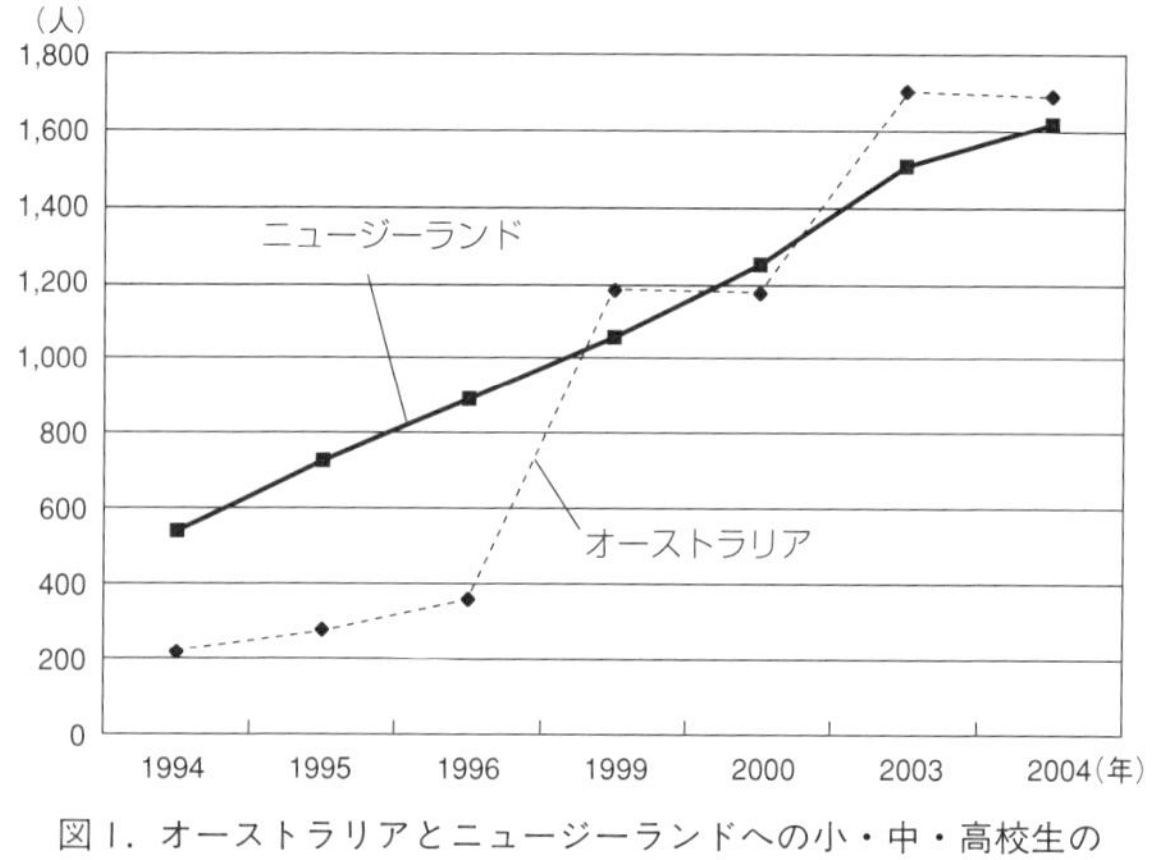

図1．オーストラリアとニュージーランドへの小・中・高校生の留学件数の推移

らせ、折からのいわゆる「英語ブーム」とも相まって、海外の学校も、子どもの教育の場の選択肢のひとつとして、視野に入れるようになったからだ。

ひと昔前の留学と言えば、日本での学校の成績が優秀で、留学のための試験をパスした頭の良い子だけが行ける特別なものと考えられていたが、今や、留学先のレベルに応じて一定の基準を満たせば、誰にでも可能性があるチャンスへと変化してきた。

留学期間も、文化交流が主体である1年間の交換留学から、卒業を目的とする高校留学や、夏休みに参加するサマースクール、1学期だけ入学する体験留学まで、多様化してきている。

また、子どもの単身留学に加えて、親子で留学する「親子留学」がここ数年で急増している。親子留学については詳しくは第7章で紹介するが、5年前までは、親子留学の問い合わせは月に1件あるかないかだったのに、現在では、月に数十件ほどに増えており、留学は「子どもだけがする」ものではなくなってきた。

――今の親は留学に積極的だが…――

前項で述べたように、ここ10年間で中・高校生の留学数は、着実に増えている。しかし、以前は、子どもが自主的に留学したくて相談に来る子が多かったが、今は、親が主体で子どもが後から親の考えに同意する（どこまで本気かわからないが…）ことも多い。

最近、こんな親子をコンサルティングすることが増えている。

「○○ちゃんは、どうして留学したいの？」

初めてのカウンセリング、私が質問をしている相手は子どもだ。ところが、子どもが口を開く前に、母親が一方的にしゃべり始める。

「この子は、本当は勉強ができるのに、今の学校の先生と気が合わなくて不当に評価されているんですよ。それに日本の高校ってどこも大学入試のための受験校じゃないですか。今は、東大、慶応、早稲田に入学してもそれが何だって言うの？っていう時代なのに、有名大学に入学するための受験予備高校に通わせるのは、どうかと思って…。」

こんな話が延々と20分は続く。とりあえず、聞くだけ聞いた後、「お子さんを、アメリカのどのような学校に通わせたいのですか？」と、私が尋ねると、さっき、あれだけ日本の学歴社会を否定したにもかかわらず、「やっぱり、アメリカでも名前の通った大学に入れる可能性のある高校がいいわね」と、のたまうのだから呆れてしまう。日本でうまくやっていけない子どもが恥ずかしく、海外に出せば格好がつくから留学させよう、という本心がみえみえだ。

母親がしゃべっている間、子どもはだまーって下を向いているか、親の答えにしかめっ面をしているか、諦めてボーっとしているか…。いずれにせよ、私が何を聞いても、一方的にしゃべり続けるのは母親である。そして、2時間ぐらい経った頃、「この子は留学に向いているかしら？」と聞いてくる。私は、即座に答える。

「お母さんと離れて暮らすことが、成功への第一歩ですね。」

いくら親が積極的でも、子どもが自分で留学生活を充実させようと思えるようにならなければ、留学はそれこそ「絵に描いた餅」にしかならないだろう。子どもを自分の思い通りにしようとする親からすれば不本意かもしれないが、うるさい親から離れられる留学は、子ども自身の自立と自発性を芽生えさせる良い機会である。

――これからの留学に求められるもの――

以前と違い、留学は、一部のエリートだけではなく、誰もが進路の選択肢のひとつとして考えられる時代となってきた。それは、自分に合った教育、自分の可能性を最大限に引き出してくれる教育の場を、国内だけではなく、海外の多くの学校から探し出せることを意味する。留学が、あくまで我が子が受ける教育のひとつの選択肢に過ぎないのであれば、結局のところ、「教育」に何を求め、我が子にどのような人間に育ってほしいのか、そのことを、もう一度考えてみてはどうだろうか。

親が留学に積極的なのは悪いことではないが、それが、親の見栄から来ているものだとしたら、本末転倒もはなはだしい。

英語力や国際人としての素養を身に付けることも、もちろん大切だ。しかし、それも自立した人格がまずあっての話である。言葉もろくに通じない土地で、ひとりで新しいことに立ち向かい、そして困難に直面することにより自分自身を成長させるのが、留学という経験であり、その間に培われた「生きる力」こそが、大人として自立できる一歩を踏み出す原動力となるのではないだろうか。

親元にいたら、子ども自身が自分の力だけで問題を解決できる場を提供されることは少なく、子どもも自分で解決できるのに、ついつい親まかせにしてしまうだろう。それでは、いつまでたっても、親任せで、責任を取ろうとしない、年齢だけが「大人」という人間になりがちだ。本当は、日本にいながら、「大人」として成長できればいいのかもしれない。しかし、なかなかそういう機会がないのも、残念ながら、今の日本の現実だ。多くの親子をカウンセリングしながら、そう感じざるを得ない。

留学を通して、親子関係を見直し、そして必要であれば、それを築き直す。それが、これから留学を考える親子に必要とされることなのではないかと、私は思っている。

▼留学の現状

・留学は一部のエリートが行くものでなく、進路の選択肢のひとつとして考えられる傾向にある。
・中・高生の留学は一般化し、小学生からの留学、親も同伴する親子留学、また留学先の多様化など、留学の選択肢は広がっている。
・子どもより親が留学に積極的なケースが増えているが、親も子も何を留学に求めるかよく考える必要がある。

コラム①

「留学コンサルタント」ってどんな仕事？〈その1〉

▼「留学コンサルタント」って、どんな仕事？

私の肩書きは、英語でいうと「教育コンサルタント」(Educational Consultant) である。だが、日本で、「お仕事は何ですか？」と聞かれたときは、「『留学コンサルタント』です」と答えている。

留学の相談にのる仕事は、「留学カウンセラー」「留学アドバイザー」と呼ばれるのが一般的だろう。では、それらと「留学コンサルタント」との違いは一体何だろうか？　また、なぜ英語では、「教育コンサルタント」と言っているのか？

私がやっているのは、話を聞くだけの「カウンセリング」でもなく、アドバイスを与えるだけの「アドバイザー」でもない。「留学を通して、子どもたちの自立をお手伝いする」こと、だからこそ、英語では「留学」にとどまらない「教育」の「コンサルタント」と称するのだ。

では、具体的に、私の仕事の内容を説明していこう。

たとえば、高校生のA君が相談に来て、「イギリスに留学したい」と言ったとする。「では、この学校にしましょう」「願書を出しましょう」「合格しました」「はい、行ってらっしゃい」…と、こう簡単にいくものではない。希望はイギリスであっても、英語力がなければ、選択できる学校は限られてしまうし、年間300万円までしか留学費用が出せないと親から言われれば、イギリスの寮制学校への留学は難しいので、他の国を薦めることになる。

留学先もひと昔前の留学とは違い、多岐にわたるようになったため、留学希望者にはまず、各国の教育システムを説明し、子どもの性格、英語力、そして経済面等から、どの国への留学が適しているのかを相談していく。国が決まったら、次は学校だ。寮とホームステイの違い、私立と公立の違い（これらは第3章で詳しく紹介する）から始まり、それぞれの学校の持つ特徴からその子に合った学校を選択して紹介する。また、英語力や日本での成績によっても、学校選択が変わってくる。

このように、留学を実現するまでには、様々な紆余曲折や選択、決断があるわけだが、その間、コンサルタントとしてきちんと把握しておきたいのは、「なぜ、留学したいと思ったのか？」ということだ。「日本の学校でもよいが、海外の学校で、自分の可能性をもっと引き出したい」のか、「日本の学校では人間関係がうまく行かず、学校に行けなくなってしまった」のか、その答えによって、私のコンサルティングは、まったく違うものとなる。日本で不登校であれば、留学生の面倒をよく見てくれる学校を選択したり、また、困ったときに、すぐに相談相手になれるガーディアン（保護者の代わりとなる人）がいるところを紹介することになるだろう。

また、その子に合った留学先をリストアップするためには、どのような子どもなのか、理解しておかなければならない。「勉強は人に言われなくても率先してやる方なのか？」「スポーツは好きか？」「音楽・美術が好きか？」「物怖じしない性格なのか？」「引っ込み思案な性格なのか？」等を、面談を何回も重ねていくことによりつかみ取っていく。1回のカウンセリングの時間は、だいたい1～2時間、多い時には、3時間以上かける場合もあり、留学するまでのカウンセリング時間は電話での相談も含めると、合計で、数十時間に及ぶことになる。

▼子どもの本音を聞き出すことが大事

初めてのカウンセリングには、たいてい親子が一緒に訪れる。この時、親が一方的に話し、子どもはだまっているというケースがほとんどだ。そのため、次回のカウンセリングの時に、子どものみで来てもらう。すると、初回と打って変わって、子どもたちは、自分のことを話し出す。また、親と一緒の時には、「留学したい」と言っておきながら、実は、「留学したくない」という子もいる。親の前では、自分の意見など否定されるに決まっていると思うからか、なかなか本音を出さないのだ。

留学を考える年頃というと、だいたい十代前半以降だろう。多感な年頃の子どもたちと話す時、私が心がけていることがある。

それは、「決して上から物を言う言い方はしない」。いつも親や先生から「こうしなさい。ああしなさい」と言われ続けている子どもたちにとって、お説教ほど嫌なものはないし、そういう話は、けっして子どもの耳に入らない。だから、自分の経験談や今までお世話をしてきた子どもたちの体験談を交えて、一緒に考え、そして、「こうしたらよいのでは」とサジェスチョンを与え、あくまで子どもたちが自分で考え、決めるようにもっていく。留学したら、傍らにいつもいて「あーだ、こーだ」とうるさく言う親はいなくなる。だから、留学前に、自分で考えて、自分で行動するという基本的なことが、できるようになってほしいのだ。

しかし、子どもと一緒の視線まで下げるが、決して子どもと一緒の考え方にはならないことも必要だ。コンサルタントは、いつも子どもと親の中間にいて、それぞれの良き相談相手でいなければならない。

▼願書の自己アピールも一緒に考える

子どもたちとの信頼関係を築く努力を重ねつつ、彼らに適した学校選択を進める一方で、事務的な作業も行わなければならない。

ひとつは、願書の準備だ。成績表、推薦状は学校の先生に依頼するが、本人が書かなければいけない英語のエッセイの内容を一緒に考えてあげたり、英語を添削したりする。

海外の学校は何と言っても自己アピールが大切だが、謙遜の文化に育ってきた日本の子どもたちは、そうしたことが苦手だ。どんなに小さいことでもよいから、自慢できることを聞き出し、それをエッセイに書かせるのも、コンサルタントの仕事である。「赤い羽根募金運動をした」は、「ボランティア活動に参加した」と書くことができるし、「寒中水泳大会に参加して、参加賞をもらった」ことは、「水泳大会で賞をもらった」と書けば、読む側の印象が随分変わる。なんでもよいのだ。

また、英語力が必要な学校に願書を出す場合には、英語の勉強法についても教えていく。個人塾や大規模塾を紹介したり、私なりの英語上達論を教えたりもする。

学校によっては、受験の際に面接を要求して来るところもあるので、学校訪問が必要となる。ちなみに、面接は合否を決めるかなり重要なポイントなので、面接前の準備もしっかり行わなければならない。私が面接官になって、推定される質問をし、どのような答えをすればよいのかをアドバイスしながら、何回も練習する。

事前の学校訪問は、表にはなかなか出てこない情報がわかったり、学校の雰囲気が肌で感じられたりするため、面接がなくとも、できれば行った方がよいのだが、これに私も同行することがある。学校訪問のため、子どもや親と1週間旅をすれば、親子関係もよくわかるし、家族が抱えている問題も見えてくる。ときには、子どもと私2人だけで数日間、面接旅行に出かけ、寝食を共にするケースもあり、勉強には全く関係のない恋愛の話や、親には言えない悪事の話で盛り上がる。10歳と12歳の子どもがサマースクールに入学する前、親が一緒に行けないので、私が親代わりとなり、一緒にお風呂に入ったり、ベッドに一緒に寝てあげたこともあった。

〈コラム②に続く〉

アメリカへの親子の学校訪問に同行した著者（前列右）。Kents Hill School の入学担当官と。

第2章　こんな理由で留学させてはいけない

留学の敷居が低くなったことにより、留学に対する考え方も変化してきた。子どもを留学させる親の中には、「日本の学校ではうまくいかないから、海外の学校に行かせたら、何とかなるのではないか？」「学校に行っていなくて世間体が悪いから、留学させよう」「どこでもよいから留学させて、箔をつけさせよう」「日本語なんてできなくてもよいから、英語さえできるようになってくれればいいわ」と思っている親も少なくない。

たしかに日本の学校でうまくいかない子どもたちが、海外の学校に行って成功した例を、私自身数々見ている。しかし、彼らはみんな並大抵な努力ではなく、死に物狂いでがんばっている。海外に行ったからこそ引き出された力と言えるだろうが、日本で学校や社会と合わない子どもが、海外に行きさえすれば必ず成功するとは限らない。

親の勘違いで留学させられる子どもこそ、いい迷惑だろう。我が子を留学させたいと思うのであれば、どうか、次に挙げるような失敗例を繰り返さないでほしい。

―〈ケース1〉受験戦争に落ちこぼれたから―

中学校1年生から塾に通って、第一志望の高校を目指し受験勉強をしてきたA子ちゃん。親からも学校の先生からも、志望校には必ず合格すると太鼓判を押されていた。しかし、不幸にもA子ちゃんの受験番号は合格者名簿になかった。仕方なく、A子ちゃんは、自分では不本意なS校に入学することになった。1学期は何とか学校に通っていたA子ちゃんだったが、どうしてもS校の雰囲気になじめず、だんだん不登校になっていった。翌年に再受験することも考えたA子ちゃんだったが、留年することは自分のプライドが許さず、それでは留学はどうかということになった。だが、英語力がなく、また留学先の新学期が間近に迫っての手続きだったため、彼女が入学できたニュージーランドの学校は、いわゆる誰でもが入学できるB公立校だった。

ここで彼女が新機一転、一生懸命勉強すれば、成績優秀賞を取得し、意気揚揚と学校生活を送れただろう。しかし、プライドばかり高いA子ちゃんは、「クラスメートの質が悪くて勉強する気になれない」「もっとレベルの高い学校に行かせてくれ」と文句を言い通しで、自分で努力することを全くしなかった。

「レベルの高い学校に転校したいのであれば、今の学校での成績を上げなければいけない」と私は何度もA子ちゃんに助言したが、彼女のネガティブな態度は変わらない。また、現地でも日本人ばかりと一緒に過ごし、部屋に閉じこもってばかりで、ホームステイ先の家族と交流を持たなかったため、英語力もつかなかった。

その環境であと2年過ごすことはA子ちゃんにとってよくない。少なくとも日本人が少なく、ニュージーランド人と一緒に過ごす環境を与えないと、彼女の英語力は上がらないと判断した私は、転校して、自分の環境を変えたらどうかと何度もアドバイスをした。しかし、A子ちゃんは、通学している学校よりもレベルが下がるところに転校することは、どうしてもプライドが許さず、だからと言って、今の学校で思い直して勉強するということもせず、結局だらだらと3年間を過ごしてしまった。

何とか高校は修了したが、彼女の英語力は留学前とほとんど変わらず、帰国子女入試制度を持つ日本の大学をいくつか受験したが、全て落ちてしまった。結局、3年間、親は高いお金を払って、A子ちゃんを留学させたわけだが、留学前と何も変わっていないという状態で終わってしまった。

英語力や成績が不足しているという理由で、留学して最初に入学できる学校は比較的レベルの低いところになることが多い。しかし、1～2年間で英語力や成績をあげ、先生からの良い推薦状をもらえれば、2、3年目は、レベルアップした学校に転校することも可能だ。一度入学したら、よほどのことがなければ、より高いレベルの学校に転校することは難しい日本と違い、自分の努力次第で、自分の行きたい学校に転校できる可能性を秘めているのが、海外の学校である。A子ちゃんのように、入った学校のレベルが低いからとやる気を起こさないのは、あまりにも、もったいない話だと言えるだろう。

―〈ケース2〉「不登校」など、日本で抱える問題からの逃避―

文部科学省によると、現在、不登校と呼ばれている小学生、中学生の数は、2004年度で12万人を超えたと言われている。以前、この子どもたちは、登校拒否児童と呼ばれており、日本で敷かれた教育レールにうまく乗れないというレッテルを貼られ、学校に行かない、行けない子どもたちは、特異な存在として見られていた。しかし、今では学校に行かない、行けないということが、ごく一部の特別な子どもたちに限った話ではなくなり、不登校だからと言って、特別視されることも少なくなってきたようだ。

不登校になる理由は様々だ。ひと昔前は、「友達からいじめられる」「ある出来事がきっかけで友達とうまくいかなくなり、仲間はずれにされる」「先生とどうもうまくいかない」と人間関係によるものが多かったようだが、今の子どもたちは、何か深刻な理由がなくても、「勉強したくない」「家にいる方が楽でいい」「気の合う人とだけ関わっていたい」…と苦労を避け、楽な方に逃れるために学校へ行かなくなるケースも少なくないようだ。

不登校であっても、現状の自分に満足が行かず、「このままではいけない。何とかして今の状況から抜け出さなければ！」「留学は簡単なものでないのは十分わかっているけど、がんばって挑戦したい！」と思っている子どもたちであれば、苦しい留学生活をなんとか乗り越えていけるだろう。だが、「日本にいたら、親が勉強しろとうるさいけど、海外の学校にいったら、自由に遊べる」「海外の学校では、英語力がないから、しょうがないだろうと大目に見てくれるから勉強しなくても大丈夫」と安易な気持ちで留学する子どもは決して成功しない。海外の学校に行けば、日本で勉強する時間の少なくとも2倍の学習量は必要だし、英語力がなくて、大目に見てくれるのは、最初の数ヶ月で、半年も経てば、やる気のない子どもは退学になる可能性が十分にある。

現実から逃避したいから留学するという子どもに、「やめなさい」と言える親はほとんどいない。親にしてみれば、家でぶらぶらされているよりは、海外に行ってもらった方がほっとするし、世間体も取りつくろえるだろう。だが、やる気のない子どもに、何百万もの大金を留学という名目でつぎ込むのは、時間とお金の無駄である。

日本で高校1年生だったT君は、日本にいる時から勉強は大嫌いで、高校にもほとんど行かなかった。おこづかいは、一切渡されていなかったので、T君は、アルバイトに明け暮れていた。親は、何とかして彼に高校を卒業してほしいと思い、アルバイトもできない、勝手に遊びにも行けない、アメリカのド田舎の寮制学校へ彼を入学させた。ド田舎なので、遊びに行くところもなく、お金は使わずにすんだが、彼は、授業中、ほとんど寝ていた。おまけに、遅刻、無断欠席がかさみ、とうとう停学処分となった。アメリカの学校は、停学処分になると、通告された翌日には学校を出なければならない。アメリカ国内に滞在先のない彼は、日本にそのまま帰らざるを得なくなった。

だが、帰国した彼は大喜びだった。日本の友達と遊び放題の毎日となり、自分がなぜ、停学処分となったのか全く反省することもなかった。停学処分が解け、アメリカの学校に戻ったT君は、以前と変わらず、居眠り、遅刻、無断欠席を続けたため、結局アメリカに戻ってまもなく退学処分となってしまい、また日本に戻ってきた。

T君のように、やる気のない学生は海外の学校では一番嫌われるし、停学、退学になるのは当然のことである。良い成績がなかなか取れなくても授業にちゃんと出席し、一生懸命やっているる姿を見せれば、必ず先生は協力してくれる。少しの努力が大きな成果を挙げる可能性があることをわかってほしい。

――〈ケース3〉インターナショナル・スクールの代わりに――

今や空前のインターナショナル・スクール・ブームである。現在、幼稚園から高校までインターナショナル・スクールの数は、全国で約130校もあるが、そのほとんどで、入学希望者が増加していると聞いている。日本のゆとり教育に疑問をいだく親達が、英語くらいは子どもにしっかりと身に付けさせたい、と思い始め、それならば英語のネイティブ・スピーカーが集まるインターナショナル・スクールへ、という流れになったのだろう。

しかし、インターナショナル・スクールの数は少ないので、希望したからといって、入学できるわけではないし、特に、老舗のインターナショナル・スクールは、親の少なくとも一方が英語を理解しなければならないという規定を設けているところが多いため、ますます入るのは難しい。そのため、インターナショナル・スクールが無理だったら、留学させてはどうか？と考える親が出てくる。

ここで間違えてほしくないのは、子どもをインターナショナル・スクールに入れるのと、留学させるのとでは全く違うということだ。

たしかに、授業を英語で受けるという点では、インターナショナル・スクールでも海外の学校でも同じだ。しかし、インターナショナル・スクールでは、日本人のクラスメートも多いが、海外の学校の場合は、日本人は学校中で自分ひとりという状況だってある。先生も、インターナショナル・スクールであれば、日本語を理解する人もいるが、海外の学校ではまずいないと言ってよい。また、学校内は英語環境でも、インターナショナル・スクールは、一歩学校を出れば、さらに両親が日本人なら、全て日本語の世界となる。海外の場合は、学校内も外も変わらず、全て英語だ。インターナショナル・スクールと留学とでは、子どもが受けるストレスがどれほど違うか、よく考えてほしい。

インターナショナル・スクールに入れないのであれば留学をすればよい、という考えはあまりにも安易だ。両者の違いを知った上で、それでも留学させたいと思うならば、そのための準備を十分にするべきだろう。

―〈ケース4〉子どもの面倒を見られない―

最近、子どもが未成年のうちに離婚するケースが増えている。片親で留学する子どもは、親が自分のために一生懸命働いて留学させてくれているという感謝の念が強いことが多い。しかし、中には、子どもが日本にいては、自分の生活がうまくいかないために、子どもを留学させる親もいる。

中学生という多感な時期に母親を亡くしたH君。父親は、子育てを全面的に母親にまかせていたため、どのようにH君を育ててよいかわからなかった。母親が亡くなった後、精神的に不安定になったH君は学校に行かなくなり、夜遊びを始め、外泊が多くなった。子どもとの会話がうまくいかない父親は、叔母に彼の面倒を頼んだが、突然現れた叔母にH君が心を開くわけがなかった。H君を持て余した父親は、H君に留学を勧めた。日本にいたくなかったH君は、自分の今の環境から抜け出せるのであれば、どこでもよいと、留学することになった。

しかし、父親が自分をやっかい払いにしたと思ったH君は、ニュージーランドに留学後、様々な事件を起こし、親の注意を引くようになった。タバコを吸う。友達とパーティを開いて、お酒を飲む。お店のものを万引きする…。

子どもは、留学先でトラブルを起こせば、親に迷惑がかかることを充分承知しているのだ。結局、H君は現地の学校を退学となり、日本に帰国せざるを得なくなった。

また、別のケースでは、離婚後に再婚しよう思っている男性と子どもの関係がうまくいかず、子どもを無理やり留学させた母親もいるが、結果はうまくいかなかったことはもうおわかりだろう。

子どもがいるために日本での生活がうまくいかないから留学させるという考えは絶対にやめてほしい。そのような理由で留学させられたことにより、一層傷つくのは子どもなのだ。

――〈ケース5〉日本語より英語を優先して身に付けさせたい――

日本語力の低下が叫ばれている今日この頃だが、日本語よりも英語を優先的に勉強させたいと願う母親が増えている。特に子どもを低年齢児から留学させたいと考えている親は、日本語能力がなくても英語さえできれば、子どもの将来に有利になると思っているようだ。しかし、日本人として生まれた限り、まず母語である日本語をしっかりと身に付けなければ、日本人としてのアイデンティティーを失くしかねないし、将来日本で仕事をすることも危うくなってくる。

私の担当した生徒で、小学校5年生まで日本の学校で勉強し、6年生からオーストラリアの学校に留学した子がいる。留学した時の英語力はもちろんゼロ。英語はアルファベットしか書けなかった。日本語は一応、小学校5年生までの漢字は習得していたが、オーストラリアに行ってからは、英語力を早く身に付けさせたいという親の希望で、日本語の本や雑誌を全く送らなかった。その当時は、インターネットも発達していなかったため、親との連絡はもっぱら手紙と電話で、手紙も留学して3ヶ月もすると来なくなってしまった。12歳の彼の英語の吸収力は早く、1年後には、英語で生活することには問題がなくなったが、電話での日本語がだんだん怪しくなってきた。もともとおしゃべりではない子どもだったので、日本語に自信がなくなってきた彼は、ますます日本語を話さなくなり、留学を終えた6年後には、日本語の会話の中に、英語が半分以上混ざるようになってしまった。四字熟語はもちろんのこと、二字熟語でさえも怪しくなり、日本の大学に行くことを考えていた彼は、断念せざるを得なくなってしまった。

小学校修了後、中学校から高校までの6年間を留学し、日本の大学に戻ってくる学生は何人もいるが、彼らは、留学中に苦労しながら日本語の勉強も続けたことを知っておいてほしい。

母語がしっかりしている子どもは、外国語も上達するケースが多い。バイリンガルとは、英語がペラペラでも日本語が怪しい人ではなく、日本語と外国語が同じようにできる人であることを忘れてはいけない。

——〈ケース6〉子どもを海外の有名大学に入学させたい——

子どもを中学・高校から留学させれば、アメリカのハーバードやスタンフォード大学、イギリスのオックスフォードやケンブリッジ大学等の有名大学に必ず入学させることができると思っている親もいるが、それは間違いである。１００％できない、とは言えないが、これらの大学に入学できる人は、留学した子の中で１％にも満たないのが現実だ。現地の高校生でさえ、これらの大学に入学できるのは、進学率の高い高校で１番を獲得している生徒であり、また、アメリカ人、イギリス人のみならず、全世界中から優秀な人材がこれらの大学に願書を提出するという狭き門なのだ。

親の中には、せっかく留学させたのだから日本人の誰もが知っている大学に入らないと意味がない、と思っている人もいる。能力と努力の上にこのような大学に入学できる子ももちろんいるだろうが、並大抵の努力では難しい。また、日本の一般大学受験と違って、入試がないので、一発勝負で入学できない。中学・高校時代の成績の積み重ねも必要であり、その上、勉強のみならず、スポーツ、美術、音楽、福祉活動等々、広い範囲に渡っての能力を見られるため、英語力を身に付けながら学校生活を送っていく子どもたちにとっては至難の業となる。

世界には、日本では無名であっても優秀な大学が腐るほどある。有名大学の「名」にこだわって、留学で本当に大切なことを見失ってはいけない。

では、本章で紹介してきたような失敗する留学を避けるためには一体どうすればよいのか、ということについて、次章から述べていこう。

▼こんな理由の留学は失敗する！

・日本での受験に失敗したから。
・不登校になった子どもがいると世間体が悪いから。
・インターナショナル・スクールに入れないから。
・子どもが日本にいると親の生活がうまくいかないから。
・日本語ができなくても英語さえできればいいと思うから。
・ハーバードやオックスフォードなど有名大学に進学させたいから。

コラム②
「留学コンサルタント」ってどんな仕事？〈その2〉

▼合格の瀬戸際にある子も懸命にプッシュ

学校選びが固まり、願書を提出した後は、学校との入学交渉だ。すんなり決まってしまう子もいれば、学校の先生から、「この生徒についてどう思うか？」と聞かれることもある。願書を提出したときの英語力は高くなくても、「潜在能力は高いので、必ず入学前までには、英語力があがるはずだ」と助言したり、「口数は少ない子どもだが、自分の考えをしっかりもっていて、リーダーシップも取れる。必ずやあなたの学校に貢献してくれるはずだ」とアピールしたり、できるだけその子の良いところを伝えるようにする。

複数校に合格すれば、さて、どの学校に入学するのか？と悩む子もいる。その場合は、その学校に現在通っている先輩や卒業生がいれば、紹介して、電話やメールで直接話してもらう。不明な点があれば、何回もメールやファックスで学校とやり取りをして、できるだけ多くの情報を子どもに与えるようにしている。

▼ビザが無事に取れた時は嬉し泣き

無事に学校が決定した後は、学生ビザを取得する手続きにかかる。各国とも学生ビザを取得するための書類が年々煩雑になってきており、それも毎年変更になる国もある。査証課の領事が交代することによって、学生ビザ発行に対する考え方が１８０度変わることもあり、全く問題なく取れた学生ビザが、その翌年には、取得が非常に困難になることも珍しくない。

特に、最近では、アメリカが厳しく、学生ビザを取得するために、米国大使館に6回も面接に行った子どももいる。その面接の練習も、事前に何回もしていくわけだが、これだけの困難を乗り切って、ビザが取れたときは、私も一緒に抱き合って、涙を流して喜んでしまう。しかし、何度挑戦しても、最終的には、ビザが取得できず、泣く泣く留学先の国を変更しなければならなくなった子どももいる。

ビザの取得準備と同時に進むのが、留学前のオリエンテーションだ。留学後に待ち構えている様々な困難を推定し、それに直面したときの回避や対処の仕方を教えておく。これを知っているのと知らないのとでは、留学当初の心の負担がかなり違うためだ。

▼私は家族の「お抱え教育コンサルタント」?

そして、どの子どもたちも不安と期待に胸を膨らませて、それぞれの留学先に出発していく。これからが、いよいよ家族と私のなが〜いお付き合いの始まりだ。

中学校1年生で留学したSちゃんは、今年で高校を卒業し、ボストンのビジネス・スクールに進学する。足掛け7年のお付き合いだ。

中学校3年生から留学し、現在、アメリカのC大学の大学院で獣医学を勉強しているK君とは、もうかれこれ10年にもなる。

高校、大学とアメリカでの留学生活を終え、現在は日本の企業で働いているT君や、スイスのインターナショナル・スクールを卒業後、日本の大学に進学し、結婚したRちゃんとは、今では、人生相談をされる間柄となっている。

初めて会ったときに、15歳やそこらであった子どもたちが成長し、子どもを持って親となった姿を見せてくれるのは、感慨無量だ。

子どもたちはもちろんだが、そうした長い期間ずっと、私は彼らの家族の歴史を共有していることになる。留学中に子どもたちが巻き起こす事件をきっかけに、最初は他人行儀なお付き合いだった家族と私との関係が、どんどん緊密になっていくのも、この仕事の醍醐味のひとつと言えるだろう。中には、兄弟姉妹全員、私がコンサルティングをして留学をしたケースもあるし、親子関係のみならず、夫婦関係の相談まで受けることもあり、家族の形そのものが変わっていく過程を近くで見るのが、良かれ悪しかれ、私の立場なのだ。

留学に関わる相談だけでなく、私は、親子問題や、ときには夫婦関係についてもコンサルティングする。なぜなら、子どもたち自身だけでなく、家族のあり方が、留学、そして子どもたちの自立にとっての重要なポイントとなるからだ。

この仕事を続ければ続けるほど、なんだか私は、子どもの、というよりも、家族丸ごとの専属教育コンサルタントになっていくような気がしてならない。

留学希望者に学校説明をする著者。

第3章　「成功する」留学先を選ぶために

　留学を成功させる第一歩は、どのような留学先を選ぶかということに尽きる。だが、前に述べたように、留学の多様化が進んでいる今、何を基準に選択をするかをはっきりさせておかないと、あふれる情報の中で迷ってしまい、なかなか決断できずに終わってしまうだろう。また、適切でない基準で留学先を選ぶと、ボタンのかけ違いのように、最後まで充実した留学生活を送れず、後悔することになりがちだ。

　この章では、「成功する」留学先選びの際に、必要となる大事なポイントについて、それぞれ説明していこう。

——留学の目的をはっきりさせよう——

なぜ、留学するのか？　なぜ、留学したいのか？　留学する理由は何なのか？　と子どもたちや親に問い掛けると、こんな答えが返ってくる。

＊　日本の学校が合わない。
＊　規則固めで窮屈な日本の学校より、海外の学校の方が自由そうだから。
＊　今までの自分を変えたいから。

このように、確固とした目的はないが、現状から抜け出して、新しい自分発見への旅に出てみたいと思っている子どもは多い。一方で、留学する目的がはっきりしている子どももいる。

＊　芸術面でもっと優れた学校に行きたい。
＊　日本でやってきたスポーツを極めたい。
＊　英語を極めて、バイリンガルになりたい。
＊　英語にプラスして、もう1つの語学もマスターしたい。

留学を考えたきっかけは、人それぞれ違って当然だが、一旦留学すると決めたら、目的は何でもいいから決めておいた方がよい。「目的」と問われて、答えに詰まるのであれば、「目標」でもよい。将来、自分がどんな仕事がしたいのか？　どんな人になりたいのか？　自分の頭の中で、留学する前によく考えて、紙に書き出しておくことだ。

将来は、ブロードウェイで活躍するミュージカル・スター、NBAで活躍するプロのバスケットボール・プレーヤー、3ヶ国語を自由に操れる通訳、世界各国を旅するツアーエスコート、外交官、犯罪心理学者、貿易会社を起業する、国連で働く…等々、将来の進路に関わる夢が思い浮かぶならば、それを書いてみてほしい。もし、「何になりたいかなんて、まだわからない」というのなら、「映画を字幕なしでも理解できるようになりたい」「英語の歌の内容がわかるようになりたい」といった目標をリストアップしてみよう。

今は夢物語に思えてもいい、とにかくイメージを思い浮かべる。そして、その夢を達成するために、まず、最初の3ヶ月で何を達成するのか？　1年後の目標は何にするのか？　卒業時にはどうなっているのか？　具体的な自分の目標とそれの達成時期を記しておくとよりはっきりとしてくる。

頭の中で考えていることを紙に書き出して、残しておくこと。そして、それを常に目に届くところに貼って忘れないこと。留学生活が始まると、あっという間に時がたってしまう。そんなことが、と思われるかもしれないが、この際、親子で一緒に将来の夢について、考えてみてはどうだろうか。

留学生活を無駄にするか有意義なものにするかは、実は、この目標意識が大きく関係してくる。留学生活が長くなると、日々の生活に緊張感がなくなり、惰性的な生活を送ることにもなりがちだ。そんな時にこそ、自分がなぜ、留学しようと思ったのか？　自分の目標は何だったのか?を思い出し、初心に戻ることが大切だ。限られた留学生活の中で、時間を有意義に使えるかどうかは、目標意識を常に持ち続けられるかにかかっていると言えるだろう。

――有名校にこだわるより、「実力校」を選ぼう――

イギリスのパブリック・スクールであるイートン校（イギリス初代首相、ロバート・ウォルポールの出身校）や、ハーロー校（ウィンストン・チャーチルの出身校）、アメリカのボーディング・スクール（寮制学校）であるフィリップス・アンドーバー校（ブッシュ現アメリカ大統領の出身校）、チョート・ローズマリー校（ジョン・F・ケネディ大統領の出身校）等の有名校は、海外の学校をあまり知らない人でも、一度は耳にしたことがあるかもしれない。最近では、ハリー・ポッターの映画撮影が行われた、スコットランドにあるフェテス校（ここはブレア首相の出身校）も有名だ。

多くの親がいまだ東大にこだわるように、自分の子どもをこのような有名校に留学させたいと希望する人もいるだろう。しかし、これらの有名校は、自国の子どもはもちろんのこと、世界中から集まる優秀な子どもたちの集団であることを忘れてはならない。「入学時の英語力はどのくらい必要なのか？」などという質問は、愚問だ。入学前の成績は、トップレベルなのは当然で、英語力、成績にプラスして、何がアピールできるのかで入学の可否が決まってくる。

ここまでレベルの高い有名校でなくても、有名校に準ずる学校は多数存在するし、有名校に入ることが子どもたちにとって幸せだとは限らない。レベルの高い学校は、留学生に対する特別な世話も焼いてくれないので、親元から離れ、海外で1人で暮らしていく子どもは、かなりつらい日々を送ることになるだろう。

全ての有名校は、万人に門戸を開いていると言っているが、実際は、入学を希望している子どもの家族背景をしっかり見ているということはやはり否定できない。学校にもよるが、願書に、親、または祖父母の学歴を記入させるところもある。親や祖父母がその学校の卒業生だったり、実業界、政界でそれなりのポジションについていれば、入学の可能性が高くなるのは、どこの社会でも同じようだ。

子どもに合う学校を探すには、有名校にこだわらないこと。英語力が足りないなら、ＥＳＬがしっかりしている学校を勧める。引っ込み思案で人前で発言するのがなかなか難しい子であれば、少人数で、発言の場を頻繁に与えてくれる学校がよいであろう。学習面のレベルは決して高くないが、美術、演劇に優れている学校もあるし、LD（学習障害）やADHD（注意欠陥・多動性障害）の特別プログラムを設けている学校もある。子どもの特性を生かすには、どのような環境がよいのかをしっかり考えて、学校選択をしてほしい。

――育った環境とギャップが少ないところを選ぼう――

たとえば、スイスのインターナショナル・スクールに留学したとしよう。通っている子どもたちの親は、アラブの石油王だったり、アフリカ諸国の国王だったり、世界でも有名な大実業家だったりするわけだ。母国からスイスの学校まで自家用ジェット機で来ることも珍しくなく、その子どもたちの自宅に招待されると、到着した空港に普通車3台分くらいの長～いリムジンが出迎えたりしている。自家用ヨットを持っている人はざらで、地中海旅行に招待されることもある。家には、運転手はもちろんのこと、炊事、洗濯、子どもの身の回りの世話をするお手伝いさんが4、5人いて、滞在中は至れり尽くせりお世話をしてくれるし、滞在中にかかった費用を要求されることなどはもちろんない。では、今度は、招待されたお家の子どもが日本に遊びに来たいと言い出したら？　もちろん滞在中にかかった費用は、こちら持ちということになる。家庭によっては、滞在中に旅行に連れて行ったり、おいしいレストランに連れて行ったりすることになり、滞在期間によってはかなりの出費になることも覚悟しなければならない。

親がそれだけの富豪であれば、子どもたちも、お金持ちである。いつもブランドものを身に付けているし、買い物するときには値段を一切確認しなかったりする。休みのたびに、ヨーロッパ各地に旅行に行ったり、ショッピングに出かけたりする子もいるので、そのような同級生と付き合うにはそれなりのお金が必要となるわけだ。もちろん、そこまでお金持ちでない家族の子どもたちも大勢通っているが、それでも多くがかなり裕福な家庭の出であることは間違いないので、普通の家庭に育った日本人留学生の中には、違和感を覚える子がいるのも確かだ。

反対に、カナダやニュージーランドの田舎の公立校に通うと、素朴で地味で堅実な生活をしている家庭が多い。ブランドものを身に付けている人はほとんどいないし、乗っている車も10万キロは優に超しているピックアップ・トラックということもある。旅行も自分たちの車に家族全員を乗せて、近くの湖で泳いだり、森にハイキングに行く。宿泊場所はキャンプ場である。キャンプ場ではもちろん自炊。持参した野菜やソーセージ、肉でバーベキューするわけだ。

所得が低い地域の学校に通学する場合、ホームステイ先の年収も低く、食物がいつも不足している場合もある。日本の場合、冷蔵庫を開ければ、たいてい牛乳、卵、チーズ、ハム、野菜、フルーツ、ジュース類はあるだろうが、海外で年収の低い家庭に行くと、冷蔵庫の中には何も入っていないということもあり得る。そうなると、自分で食べたい物を買わなければならないし、自分で買ったジュースや牛乳をその家庭の子どもたちに勝手に飲まれてしまうこともある。特に育ち盛りの男の子にとっては、毎日の食事が大切になるが、毎週支払っているお金で提供される食事の内容で足りない場合は、ホームステイ先に追加で費用を支払い、食事の内容を増やしてもらう必要も出てくる。

このように、日本の通常の家庭では、全く考えられない環境が、現地では起こりうるわけだ。したがって、日本で育ってきた環境と、あまりのギャップに子どもたちが耐えられなくなる場合もあるので、自分の日本での生活レベルに合った地域かつ学校かをチェックするのも大事なポイントである。

――公立校と私立校の違いをよく見極めよう――

留学先のどの国にも、公立校と私立校がある。公立校は、国や州から教育資金の援助を受けており、私立校は独自の経営で成り立っていることはどこも同じである。

イギリスでは、単身で、卒業留学を目的にした場合は、公立校には入学できないので私立校を選択することになり、またアメリカでは1年間しか公立校に留学できない。しかし、それ以外の国では、公立校にするか、私立校にするかの選択は、非常に重要となってくる。

■少人数教育で進学熱心な私立校

人前で話をするのが苦手だったり、物事を片付けるのに時間が必要なおっとりした子には、1クラスの人数が少ない私立校を勧める。たしかに、授業料も高いが、1人1人の面倒をしっかり見てくれるし、時間がかかる子どもたちにもじっくりと付き合ってくれるからだ。

私立校は、高等教育（大学、短大）への進学率が95%以上（学校によっては100%）であり、生徒のほぼ全員が進学する。そのため、高校2年生、3年生になると進学カウンセリングが非常に充実しており、学校内にいるカレッジ・カウンセラーが常時、生徒の進学相談に乗ってくれる。また、1クラスの人数も最大15人程度が多い。（クラスによっては2〜3人のものもある。）1人1人の生徒の学習進捗《しんちょく》度を各先生がしっかり把握しているため、落ちこぼれる生徒が少ないのも特徴だ。ただし、私立校は、1年ごとの契約制なので、やる気がなかったり、宿題も提出せず、先生にヘルプも求めずに成績が悪い生徒は、翌年度、同じ学校に戻れなくなる場合があるので注意が必要だ。

生徒と先生との比率も6〜10対1と低く、学習面のみならず、スポーツや生活面でもきめ細かく面倒を見てくれる。父母会も年に1、2回開かれ、子どもたちの学校での学習状況や生活態度をそれぞれの教科の先生方から詳しく聞くことも可能だ。

　また、留学生用の教科として、英語のESLのほかに、歴史、化学、生物、数学の授業も提供してくれる学校もあり、英語力が低いうちは、簡単な教科を取らせてくれるので、良い成績が取りやすい。

　ただし、私立校に入学するには、それまで通学していた学校の成績、先生からの推薦状、生徒の英語力にプラスして、面接が求められることが多い。校長や入試担当官が生徒と面接して、自分の学校にその生徒が合っているかの適性を判断するわけである。したがって、成績優秀であっても、面接時に自分の学校にこの子は合わないと判断されれば入学できなくなる。

　また、イギリスやオーストラリアの私立校の中には、現地でも人気が高く、生まれてすぐに願書を出さなければ入学できない学校や、入学希望年の数年前から願書を提出しなければ入学できない学校もあり、こうした人気校では、留学生受け入れの枠は必然的に少なくなる。留学生には特別の入学枠を設けているところもあるが、それでも、入学直前に申し込むのでは間に合わなかったりするので、地元に比べて情報が少ない留学生は不利になりがちだ。

　さて、気になる授業料についてだが、私立校の授業料は、公立校と比べて、約1.5～2倍かかるところが多い。ただし、学校によってかなり違いがある。アメリカの学校の中には、年間で

800万円の費用がかかるところもあるが、反対にオーストラリアにある私立校は、公立校と授業料がほとんど変わらないところもある。

また明記された授業料のほかに、入学時に一度だけ支払う保証金（生徒が学校を離籍するときに返金される。スイスのインターナショナル・スクールやイギリス系の学校に多い）が必要だったり、毎年寄付の依頼が来るところも多い。一般的に私立校の多くは、生徒から支払われる授業料で教師への給料の支払い、学校施設の最低限の維持にかかる費用を賄うのに精一杯であるため、体育館、コンピュータルーム、サイエンスルーム、アートセンター等の施設の改善のためには、寄付に頼らなければならない。また、アメリカの学校の中には、寄付金の合計金額で、今後受け入れる留学生の国籍の人数を考えているところもあるほど、寄付金は私立校にとっては重要なものなのである。金額は日本の学校のように一口いくらと決まっているわけではなく、自分たちが寄付したいと思う金額でよいが、卒業したあとも小額でもいいので、続けてほしい。それが、面倒を見てくれた学校への恩返しになるのだ。

■地域密着、多彩なプログラムが公立校の魅力

一方、公立校の多くは、その地域に住む家庭の子どもたちが通う学校である。したがって、

人口の多い地域では生徒数も多く、全校生徒が４０００〜５０００人という学校もある。１クラスの人数も30〜40人と多く、そのため先生が１人１人の学習進度を全て把握することが難しい。授業で質問があったら、気後れしないで、いつでもどこでも先生や友達に聞ける生徒でないとついていくのが難しくなる。また、自分の希望や考えを相手に伝えるには、多くの生徒の前で発言しなければならないことが多く、それができなければ、なかなか自分をアピールしづらい。おとなしく、引っ込み思案な子どもには正直、厳しい環境だが、もし、何にでも積極的で、物怖じしない、誰とでも簡単に友達になれ、新しい環境にすぐに慣れ親しむことができる子どもであれば、公立校でも十分やっていけるだろう。

カリキュラム面でも留学生にハンディキャップをくれるところは少なく、英語のＥＳＬはあっても、その他のＥＳＬ科目は持っていないところが多いので、英語力がないうちからネイティブの生徒と同じ科目（歴史、科学等）を取らなければならなかったりする。しかし、高等教育への進学にこだわらず、料理、自動車修理、会計学、園芸学、裁縫、デザイン、ファッション等の専門科目を用意しているので、大学進学を考えていない生徒にとっては、自分の興味のある科目を選択できる利点がある。（国によっては、主要科目の学習が最終学年まで必須のところがあるので注意が必要。）

高校卒業後の進路は、高等教育へ進学する生徒は50〜60％と、私立校に比べるとかなり低い。

したがって、私立校で行われるカレッジ・カウンセリングはほとんどなく、大学進学に関してのサポートはあまり期待できない。一方、仕事につく生徒のためのキャリア・カウンセリングは私立校と違って充実しているが、留学生は、スポンサー（保証人。通常雇用される会社がなる）がいない限り、就労ビザを取得することは不可能であり、実際、高校を卒業したての留学生のスポンサーになる企業は皆無だ。そのため、こうしたキャリア・カウンセリングを留学生が受けることはまずないと言えるだろう。

公立校に通う利点は、地域に密着しているので、その国の生活習慣や文化を身近に肌で感じられることにある。ただし、地域によって、安全性、教育への関心度、生活のレベルが相当変わってくるので、学校選択の時には、まずどのような環境にその学校があるのかを十分に検討しなければならない。どの国でも、教育熱心で、それなりの年収がある家族は、子どもたちを私立中学・高校に入れる傾向が強いので、子どもが育ってきた環境と現地の環境がそれほどかけ離れたものではないということを留学前に確認した方がよい。

公立校へ入学を希望する場合でも私立校へ提出するのと同じ書類が必要だが、面接は不要である。ただし、ＥＳＬを持っていない学校や、高等教育への進学率が高い学校は、入学基準が高くなるので、誰でも入学できるということではない。

――国によって留学事情はこれだけ違う――

どの国に留学するのか？というのは、留学を考える家族が一番に悩み、考えることだ。

今、増えつつある小学生の留学については後で述べるとして、ここでは、中学・高校での留学環境について、各国の特徴をまとめておきたい。大学や大学院の情報は、個人でもかなりアクセスしやすくなっているはずだから、ここでは省略する。

■アメリカ……広大な国土と多様性・選択幅の広さでは一番

高校留学の受け入れ先としては、イギリスと並んで最も歴史のある国と言える。公立校への留学は、学生ビザが1年しかおりない関係上、残念ながら1年間しかできないが、私立のボーディング・スクールが約300校存在し、そのそれぞれが特色を持っている。

教育制度が小学校6年間、中学校2年間、高校4年間（州によっては、中学校3年間、高校3年間の所もある）と日本と似ているのと、ESLを提供している学校が多いため、英語力が高くなくても入学できる学校の選択幅が広いのも特徴だ。

私立校の場合、高校卒業までの4年間で取得しなければならない単位数が学校によって指定されており、たいてい4年間で19〜22単位を取得する（毎日1時間の授業を1年間勉強して、1単位として数える）。通常、英語が4単位、数学が3単位、科学、社会科がそれぞれ2単位、芸術（美術、音楽等）が1単位、外国語が3単位（ＥＳＬを取っている生徒は、免除される学校もある）。そして、あとの残りは、選択科目となる。多くの留学生は、卒業年度まで、英語、数学、科学、社会科の科目を取る場合が多く、日本の学校と似ている。

また、成績優秀な生徒には、高校在籍中に大学の単位を取得できる上級科目（ＡＰ・Advanced Placement Course）を提供している学校も多い。生徒の中には、12年生時（高校３年生）の取得科目が全てＡＰ科目という子もおり、学年の最後に行われる試験にパスすると、大学にその科目の単位を持っていけるわけだ。この単位を大学に持っていけば、大学での卒業年数が短くなるというメリットがある。

アメリカには、日本の26倍もある広大な大地に50もの州があり、州によって気候、英語のアクセント、居住している主な人種も様々である。ボーディング・スクールは、東海岸に多く存在し、特にニューイングランド地方と呼ばれている6州（マサチューセッツ州、コネチカット州、ニューハンプシャー州、メイン州、ロードアイランド州、バーモント州）に、約１００校の学校がある。

アメリカの学校は、先生と生徒との関係の距離が非常に近く、親しくなると生徒は先生のこ

■アメリカの教育制度（アミかけ部分が義務教育）

学年	1	2	3	4	5	6	7	8	9	10	11	12	1	2	3	4
学校	Elementary School						Secondary School						4-year college			
													2-year college			

■アメリカへ留学する際にかかる平均費用

（＊例として留学生を受け入れている私立校を３校挙げた。）

学校名	Kents Hill School（メイン州）	Wyoming Seminary（ペンシルベニア州）	St.Croix Lutheran High School（ミネソタ州）
授業料	＄44,890	＄35,400	＄19,000
滞在費・食費	授業料に含む	授業料に含む	授業料に含む
現地費用合計（1ドル＝113円：2006年6月現在）	＄44,890（**￥5,072,570**）	＄35,400（**￥4,000,200**）	＄19,000（**￥2,147,000**）
航空運賃（約）	￥150,000	￥150,000	￥150,000
海外傷害保険 12ヶ月（約）	￥120,000	￥120,000	￥120,000
1年間に必要な費用合計	**￥5,342,570**	**￥4,270,000**	**￥2,417,000**

［左］コネティカット州にある女子校 Westover School　［右］私立寮制高校の教室風景

とをファーストネーム（名前）で呼ぶことが多いのも特徴のひとつだ。

■カナダ……ハイレベルな教育と大自然が魅力

カナダは、日本の面積の27倍もの広さをもつ、自然に恵まれた豊かな国だ。10州と3つの準州で成り立っており、それぞれの州で、歴史も風景も住む人の気性も違い、驚くほど多彩な顔を持っていると言える。

カナダの魅力は、なんといっても大自然。荒々しいカナディアン・ロッキー山脈でのスキーや、湖、川でのカヌー、山々でのハイキング、乗馬など、アウトドア・アクティビティが盛んだ。カナダは自然だけではなく、教育面でも高い水準を誇っており、学習、スポーツ、芸術面とバランスの取れた教育を提供してくれる。

カナダは、アメリカ同様、移民で成り立っている国だ。バンクーバーやトロントのような大都市を歩くと、ここはいったいどこの国なのかと思うほど様々な国籍の人々が住んでいることがわかる。したがって、移民に対しての考え方が非常に柔軟で、移民と共存して、国が成長してきたと言える。そうした背景は、留学生を受け入れるシステムや態度においても、大きく影響していると言えるだろう。

カナダ人の90％以上は、公立中学・高校に通っている。公立校に留学する場合は、まず留学希望エリアを決め、それからそのエリアにあるスクール・ディストリクト（学校区）に願書を提出する（学校に直接、願書を提出する方法もある）。留学生を受け入れる体制が整っているディストリクトには、必ずESLを設けている学校があるので、英語力のない生徒は、まずこうした学校に入学することが必要だ。英語力がつけば、他の学校に転校することも可能となる。

私立校のボーディング・スクールの数は、アメリカ、イギリスに比べるとかなり少ないが、私立校間のレベルの格差がアメリカやイギリスほどないのが特徴だ。私立校のボーディング・スクールの質はアメリカやイギリスに引けを取らないほど良い。乗馬のプログラムに力を入れている学校や、カナダで一番ポピュラーなスポーツ、アイスホッケーの特別プログラムを設けている学校もある。なお、私立校に留学したい場合は、学校に直接願書を提出する。

現在、ほとんどの州で、小学校が6年間、中学校が2年間、高校が4年間となっており、卒業時にはアメリカと同様、卒業証書が授与される。（ケベック州のみ小学校が6年間、中学・高校が5年間となっており、その後2年間のCEGEPという大学予備コースを取得する。ただし、ケベック州の大学に進学しない場合は、他の州と同様、中学・高校6年間のあと、大学に進学可能。）

各州によって、卒業証書を取得するための規定が違うので、これもよく知っておく必要があ

■カナダの教育制度（アミかけ部分が義務教育）

<table>
<tr><td>学年</td><td>1</td><td>2</td><td>3</td><td>4</td><td>5</td><td>6</td><td>7</td><td>8</td><td>9</td><td>10</td><td>11</td><td>12</td><td>1</td><td>2</td><td>3</td><td>4</td></tr>
<tr><td rowspan="2">学校</td><td colspan="6" rowspan="2">Elementary School</td><td colspan="6" rowspan="2">Secondary School</td><td colspan="4">4-year college</td></tr>
<tr><td colspan="2">2-year college</td><td colspan="2"></td></tr>
</table>

■カナダへ留学する際にかかる平均費用

（＊例として留学生を受け入れている公立校と私立校を挙げた。）

学校名	（公立校） West Vancouver District	（私立校） Stanstead College
授業料	$ 14,000	$ 41,420
滞在費	$ 8,300	授業料に含む
強制加入医療保険*	$ 700	—
制服代	—	$ 1,000
現地費用合計 （1 C ドル＝103 円： 2006 年 6 月現在）	$ 23,000 （**¥2,369,000**）	$ 42,420 （**¥4,369,260**）
航空運賃（約）	¥150,000	¥150,000
海外傷害保険 12ヶ月（約）	¥120,000	¥120,000
1 年間に必要な費用合計	**¥2,639,000**	**¥4,639,260**

*各州、公立、私立により異なる。強制保険に加入しない場合は、各自が任意保険に必ず加入しなければならない。

オンタリオ州、首都オタワにある Ashbury College

る。たとえば、ブリティッシュ・コロンビア州の場合は、必ず、12年生（最高学年）の英語をパスしなければならないし、オンタリオ州の場合は、12年生の英語をパスするのに加えて、州共通の10年生のEnglish Literacyテスト（英語の読み書きテスト）にパスしなければならない。また、フランス語を公用語にしているケベック州の中学・高校に留学した場合、卒業するためにフランス語を取得しなければならない学校もある。

カナダで卒業証書を取得するのは、州によっては、かなりの英語力を要求されるので、9年生（日本の中学3年生）か、遅くとも10年生から留学することが必要だ。

■イギリス……国際的な全人教育の場に世界中から生徒が集う

イギリスにある約2400校の小・中学校のうち、ほとんどは公立校だが、両親の海外赴任に伴ってイギリスの学校に通う場合を除き、公立校に留学することはできない。したがって、単身で留学する場合、選択肢は私立校のみだ。私立校数は、年々、増加傾向にあるが、人気の高い学校の多くは、何年も前から予約がいっぱいの状態である。

イギリスは、ボーディング・スクール発祥の地。ひと昔前は、強制収容所のような暗いイメージもあったボーディング・スクールだが、新しい教育方針のもとに、国際的な全人教育を目指し、バランスの取れた教育環境を提供する場として、今や国内外から注目を集める存在となった。心身ともに様々な悩みを抱える先進国の子どもたちにとって、今、何が一番必要なのかを真摯に考え、取り組んでいるのが、このイギリスのボーディング・スクールの先生たちであると言われている。

現在では、裕福な上流階級の家庭だけにとどまらず、教育熱心な家庭であれば、資産や階級に関係なく私立校を選ぶため、イギリスの私立校は、幅広く多様な背景の人々の集まりとなりつつある。また、イギリスの小・中学校は、男女別学が多いが、最近のトレンドとしては共学化が進んでいる。

イギリスで、寮はハウスと呼ばれており、上級生と下級生が縦割りになって一緒に住んでいる。スポーツや音楽、学習をこのハウスごとに競い合い、一番得点が高かったハウスには、ご褒美が与えられる。ハリー・ポッターの映画の中で、ハウスごとに競い合う場面が数多く登場するのは記憶に新しいことだろう。

学校内では、アメリカと違い、先生のことは、ファーストネームで呼ぶことは少なく、男性は、Mr. または Sir.、女性は、Ms. または Madam と呼ばれる。また、入学の合否に関しては、校長が一切の権限を持っているのも特徴である。校長先生と面接をして、気に入られたら、合格の可能性が高いと思ってよい。

■イギリスの教育制度（アミかけ部分が義務教育）＊私立校の場合

学年	1	2	3	4	5	6	7	8	9	10	11	12	13	1	2	3
年令	5	6	7	8	9	10	11	12	13	14	15	16	17	18		
学校	Pre-Preparatory School			Junior School					Senior School			Sixth Form		University		

▲Common Entrance Exam　▲GCSE　▲GCE-A レベル

注）イギリスの学年区分は、私立・公立、男子・女子、地域によって多少異なる。

■イギリスへ留学する際にかかる平均費用

（＊例として留学生を受け入れている私立校を挙げた。）

学校名	私立小学校 Sherborne Prep School	私立中高校 Sherborne School
授業料	£15,600	£23,000
滞在費	授業料に含む	授業料に含む
EFL 代、習い事など	£1,500	£1,500
制服代	£500	£500
現地費用合計（1 ポンド＝213 円：2006 年 6 月現在）	£17,600（**¥3,748,800**）	£25,000（**¥5,325,000**）
航空運賃（約）	¥250,000	¥250,000
海外傷害保険 12ヶ月（約）	¥120,000	¥120,000
1 年間に必要な費用合計	**¥4,118,800**	**¥5,695,000**

上記金額以外に、現地ガーディアン費用が必要。（£1,000～£5,000）

ブレア首相の母校、Fettes College。古く伝統ある外観［左］とモダンな食堂［右］が調和している。

イギリスでは5～15歳までの11年間が義務教育期間で、5～11歳の初等教育と12～15歳までの中等教育に分けられる。（公立・私立、男子・女子、また北アイルランド、スコットランド等、地域によって多少年齢が違う。）15歳で義務教育を修了すると、大学等の高等教育に進学するための統一試験GCE Aレベルに向けて2年間かけて勉強する。この勉強は、中等教育の上級課程（これをSixth Formと呼ぶ）で受ける生徒が多いが、Aレベル対策を専門に勉強するTutorial CollegeやSixth Form Collegeという専門学校で受ける生徒もいる。Aレベルは、専門的な内容で、非常に高度であり、論文形式問題が多い。日本人の留学生は、Sixth Formが始まるまでには、イギリス人と同等の英語力をつけている必要があり、したがって、イギリスに留学して、大学に進学することを考えている場合は、低年齢（10歳からがよい年齢とされている）から留学を開始する必要が出てくる。

また、単身で留学する生徒は、緊急の時や休暇中の滞在先の手配、日本に帰国する時の送迎の手配をしてくれるイギリス在住のガーディアン（後見人）が必ず必要となる。

■スイス……英語以外の語学習得と国際的環境で過ごす

英語圏ではない国で、一番多くの生徒が留学しているのがスイスだ。スイスの主な使用言語は、フランス語、ドイツ語、イタリア語、ロマンシュ語等だが、スイスには、国連、赤十字、オリンピック委員会等々、多くの国際機関があり、昔から世界各国の駐在員が多く居住している。そのため駐在員の子どもたちが英語で勉強する学校が必要となり、数多くのインターナショナル・スクール、アメリカン・スクールが存在している。その多くは、フランス語圏のジュネーブ近郊にあるが、ドイツ語圏、イタリア語圏にもある。

アメリカン・スクールでは、アメリカの教育制度の下で授業が行われ、高校卒業時に授与されるのは、アメリカン・ディプロマ（アメリカの卒業証書）となる。ただし、学校によっては、IBプログラム（1968年にスイス・ジュネーブに非営利教育機関として設立された、インターナショナル・バカロレア機構が提供する国際的な教育プログラム。この資格は、世界各国において正当な大学入学資格として認められている）を持っているところもある。

一方、インターナショナル・スクールでは、英語で授業が行われるコースと、もう1つの語学で授業が行われるコースがある。たとえば、ジュネーブにあるカレッジ・ド・ルマンという学校では、英語で授業が行われるコースとフランス語で授業が行われるコースに分かれており、キャンパスの中も、英語とフランス語が飛び交っている。

英語で授業が行われるコースは、それがさらに2つに分かれ、1つは、アングロ・アメリカン・コースというアメリカの卒業証書を取得するもの。もう1つは、ブリティッシュ・コースというイギリスの高校修了資格を取得するものである。日本の留学生のほとんどは英語コースを取得するが、アメリカン・コースを取るか、ブリティシュ・コースを取るかは、卒業後、どちらの大学に進学したいかで決めることが多い。

スイスに留学する生徒は、卒業時に英語にプラスしてもう1つの外国語が習得できる可能性が高い。高校時代に、英語とフランス語（またはドイツ語、イタリア語）ができるようになったらなんと嬉しいことか。しかし、一方で、英語を聞く量が、英語を母語とする国に留学するより少ないので、英語圏に留学する生徒よりも英語力がつきにくい、と言われているのも事実だ。英語と同じレベルでもう1つの語学を習得するためには、中学1年生から留学することを勧める。高校1年生からの留学では、同じレベルで2つの語学を習得できる子どもはかなり少ないのが現状だ。

スイスの学校のもう1つの特徴は、留学生の国籍の多様さだ。インターナショナル・スクールやアメリカン・スクールには、スイス人の生徒は少ない。したがって、生徒の90％以上は、世界各国から来る留学生ということになる。その国籍の数は、学校によっては、50ヶ国以上にも及ぶ。したがって、ルームメートも、ロシア人だったり、アラブ人だったり、アフリカ人だったりする。中には、学校の友人と一緒に、冬休みは、メキシコに飛んで、暖かい冬を過ごし、春休みは、花の咲き誇る、スペインのマジョルカ島で過ごすなどと、うらやましい休暇を過ご

■スイスのアメリカン・スクールの教育制度（アミかけ部分が義務教育）

<table>
<tr><td>学年</td><td>1</td><td>2</td><td>3</td><td>4</td><td>5</td><td>6</td><td>7</td><td>8</td><td>9</td><td>10</td><td>11</td><td>12</td><td>1</td><td>2</td><td>3</td><td>4</td></tr>
<tr><td rowspan="2">学校</td><td colspan="6" rowspan="2">Elementary School</td><td colspan="6" rowspan="2">Secondary School</td><td colspan="4">海外の 4-year college</td></tr>
<tr><td colspan="2">2-year college</td><td colspan="2"></td></tr>
</table>

注）スイスではインターナショナル・スクールによって異なる教育制度をとっているが、上記表はアングロ・アメリカン・コース（アメリカン・スクールと同じ制度）のもの。

■スイスへ留学する際にかかる平均費用

（＊例としてアメリカン・スクールを挙げた。）

学校名	The American School In Switzerland
授業料（寮費を含む）	SFr. 60,000
入学金	SFr. 3,500
施設拡張のための寄付金	SFr. 1,500
現地費用合計 (1スイスフラン=93円：2006年6月現在)	SFr. 65,000 （**¥6,045,000**）
航空運賃（約）	¥250,000
海外傷害保険 12ヶ月（約）	¥120,000
1年間に必要な費用合計	**¥6,415,000**

Beau Soleil Collège Alpin International

す子もいる。

■オーストラリア……個性的で親日的なコスモポリタン社会

多民族・多文化国家のオーストラリアは、ユニークかつ理想的なコスモポリタン社会を形成しており、そこで生活するだけで、多様な価値観を学び、グローバルな視点で考えて行動できる国際人としての資質を養うことができる。学校教育の場でも、個性を生かす柔軟で実践的なカリキュラムが用意されており、特に早い時期からコンピュータやマルチメディア機器を使用し、徹底したＩＴ教育が行われている。学校で行われている授業風景を衛星中継し、地方の生徒にも同時に授業が受けられるシステムを構築したのもオーストラリアが最初である。

オーストラリアへの中学・高校留学のほとんどは、都市型留学となっている。シドニー、メルボルン、ブリスベーン、パースには、数多くの学校が存在し、留学生の多くは、市内か、または市内から1時間程度離れた学校に通うことが多い。

オーストラリアにも公立校（州立）と私立校があり、公立校が全体の約7割を占めている。公立校は、ほとんど共学で、無宗教だが、私立校の約3分の1は、男女別学で、多くはキリスト教などの宗教に基づいて設立されている。公立校に入学する場合は、各州の教育省に連絡を取り、英語力のない生徒は、英語コースから入学となる。私立校の場合は、入学基準が厳しく、入学するための英語力を要求してくる学校が多い。したがって、多くの生徒は、中学・高校に入学する前に、その学校の集中英語コースか、私立校の英語学校で3ヶ月〜半年ほど英語を勉強しなくてはならない。

オーストラリアの学校の特徴として、私立校でも放課後にクラブ活動がないため、生徒たちは地域のスポーツ施設や芸術施設を利用し、水泳、テニス、サッカー等のスポーツをしている。アメリカやカナダでは、スポーツはシーズン制で、1年中同じスポーツをすることはできないが、オーストラリアの場合は、コミュニティのクラブに加入すれば、1年中行うことも可能だ。

オーストラリアの初等・中等教育（小学校から高校）は12年制で、州によって異なるシステムを持っているが、多くは1年生から6年生（または7年生）までが小学校、7年生（または8年生）から中学・高校に入学し、12年生までの教育を受ける。中学・高校は一貫教育でセカンダリー・スクール（Secondary School）と呼ばれている。義務教育期間は学年ではなく、6〜15歳（タスマニアのみ16歳）までという年齢で定められており、一般的には10年生で義務教育を修了する。大学などへの進学希望者は11、12年生に進み、将来進む道を考慮して専門分野に沿った選択科目を選ぶ。大学進学希望者は12年生修了前に各州の「統一高等学校資格試験」を受け、高校修了資格を得た上で、その点数に応じて希望大学に入学できるシステムとなって

■オーストラリアの教育制度（アミかけ部分が義務教育）

<table>
<tr><td>学年</td><td>1</td><td>2</td><td>3</td><td>4</td><td>5</td><td>6</td><td>7</td><td>8</td><td>9</td><td>10</td><td>11</td><td>12</td><td>1</td><td>2</td><td>3</td></tr>
<tr><td rowspan="2">学校</td><td colspan="6" rowspan="2">Primary School</td><td colspan="4" rowspan="2">Junior Secondary</td><td colspan="2">Senior Secondary</td><td colspan="3">University</td></tr>
<tr><td colspan="4">TAFE（国立専門学校）</td><td></td></tr>
</table>

■オーストラリアへ留学する際にかかる平均費用

（＊例として留学生を受け入れている私立校と公立校を挙げた。）

学校名	（私立校） Kingsway Christian College	アデレード 公立校学区
授業料	＄10,500	＄9,500
滞在費	＄9,200	＄7,920
強制加入医療保険	＄342	＄342
制服代	＄1,000	＄500
現地費用合計 (1 A ドル=86 円： (2006 年 6 月現在)	＄21,042 （**¥1,809,612**）	＄18,262 （**¥1,570,532**）
航空運賃（約）	¥200,000	¥200,000
海外傷害保険 12ヶ月（約）	¥120,000	¥120,000
1 年間に必要な費用合計	**¥2,129,612**	**¥1,890,532**

学校が現地ガーディアンにならない場合は、上記金額以外に、ガーディアン費用が必要。（＄2,500～＄5,000）

ウェスタン・オーストラリア州の私立 St Hilda's Anglican for Girls

いる。

10年生までは、英語、数学、社会学、科学等の必須科目を勉強するが、11、12年生になると、自分にこの先必要とされる科目を重点的に選択できる。たとえば、デザイン方面を将来勉強したい生徒は、インテリアデザイン、服飾関係、建築等の選択科目が取れるし、高校生でも法律、心理学、会計、ビジネスを学べる科目も用意されている。美術の時間に、サーフボードやカヌーボートを設計から組み立てまで全て自分で行い、最後には自分の作ったサーフボードでサーフィンをするクラスまでもある。

また、外国語科目の種類も豊富で、特に日本語は一番人気となっている。これは、日本語を習得すると、就職時に有利であるということから来ているようだ。日本語を取っている生徒は日本に興味があり、日本人の留学生と友達になりたいということも多いので、最初の友達づくりに、まず彼らとつきあってみるのは、良いきっかけになるだろう。

■ニュージーランド……トップレベルのホームステイと良好な教育環境

ニュージーランドと聞くと、「羊の国」「酪農の国」というイメージを持つ人が多いが、教育水準も他国に引けを取らない高いものを提供している。２００２年度に新教育制度が導入され、それ以前に比べて留学生に課せられる学習内容がかなり高くなったため、高校1年で留学しても3年間で高校を修了できない生徒が増えてきている。

また、ニュージーランド人は、ホスピタリティ精神が豊かであるのと、時間、心にゆとりのある人が多いため、ホームステイ先の質が高いのも特徴である。留学生を我が子のように世話してくれ、勉強から、悩み相談まで受けてくれる家庭が多い。ホームステイの質では、ニュージーランドが一番ではないかと私は思う。

90%以上が公立校であるため、留学生のほとんどが地域に密着している公立校へ留学している。ニュージーランドで大都市と言えば、オークランド、クライストチャーチ、ウエリントン、ダニーデンの4都市で、あとは、全て人口数万人の小都市である。留学生の多くは、この小都市、または酪農地帯の町にある学校に留学している。学校の教育レベルはその学校がある地域に住んでいる住民の教育レベルに比例する場合が多く、学校によっては、公立校でも進学率が全国トップ3に入るところもあるくらいだ。

ニュージーランドには、大学（全て国立）が8校しかないが、短大に準ずるポリテクニカル・カレッジ（通称、ポリテク）が数多く存在する。ニュージーランドでは、大学は学問をより追及する場所で、ポリテクは、即就職に結びつく勉強をしたい生徒が進学するところである。専門学校色が濃いが、学部によっては、1、2年間ポリテクで勉強した後に、大学に編入することもできる。

大学に進学する生徒は、Year 13（高校の最終学年）の科目をパスすることが必要とされるが、ポリテクに進学する生徒は、Year 11 または Year 12 の科目まででよい。Year 11 までは義務教育なので、英語、数学、科学、社会学等の一般科目を取らなければならないが、YEAR 12 からは、ツーリズム（旅行学）、ホスピタリティー（おもてなし学。ホテルやレストラン等サービス業につきたい人用）、クッキング、自動車修理、ファッション、裁縫等の専門選択科目を取ることもできる。ただし、このような専門選択科目は、大学時の受験資格に必要な科目とみなされないので、注意が必要だ。

ニュージーランドの高校の最終学年は、Year 13 だが、Year 11 または Year 12 で修了し、専門学校へ進学することも可能なため、日本やアメリカのように高校修了時にはディプロマと呼ばれる卒業証書がない。各学年の修了時に、修了証書が渡されることになる。

ニュージーランドの英語は、もともとイギリスから来たものであるが、イギリスの英語に比べて、アクセントが強いのが特徴である。特に田舎の方に行くと、かなりアクセントの強い英語を話すホストファミリーもいるので、アメリカ、イギリス英語に慣れている人にとっては、最初は英語が少々聞きづらいかもしれないが、学校で教鞭を取っている先生方は、聞きやすい英語を話すので、心配はない。

■ニュージーランドの教育制度（アミかけ部分が義務教育）

<table>
<tr><td>学年</td><td>1</td><td>2</td><td>3</td><td>4</td><td>5</td><td>6</td><td>7</td><td>8</td><td>9</td><td>10</td><td>11</td><td>12</td><td>13</td><td>19</td><td>20</td><td>21</td></tr>
<tr><td rowspan="2">学校</td><td colspan="6" rowspan="2">Primary School</td><td colspan="2" rowspan="2">Intermediate School</td><td colspan="3" rowspan="2">Secondary School</td><td colspan="2"></td><td colspan="3">University</td></tr>
<tr><td colspan="4">Polytechnic</td><td></td></tr>
</table>

■ニュージーランドへ留学する際にかかる平均費用
（＊例として留学生を受け入れている公立校と私立校を挙げた。）

学校名	（公立校） Rangiora High School	（私立校） St.Peter's College, Cambridge
授業料	$11,000	$29,800
滞在費	$7,920	授業料に含む
制服代	$500	$1,000
休暇中のホームステイ代	—	$2,400
施設費	—	$4,000
現地費用合計 (1 NZドル＝73円： (2006年6月現在)	$19,420 （¥1,417,660）	$37,200 （¥2,715,600）
航空運賃（約）	¥200,000	¥200,000
海外傷害保険 12ヶ月（約）	¥120,000	¥120,000
1年間に必要な費用合計	**¥1,737,660**	**¥3,035,600**

学校により、現地ガーディアンが必要。（$850〜$5,000）

［左］オークランドの中学校 Northcross Intermediate School の授業風景
［右］南島のダニーデンにある男子校 Otago Boys' High School

ニュージーランドでも、数は少ないが私立のボーディング・スクールもあるし、公立校でも寮の設備がある学校もある。ニュージーランドでは公立校の寮はホステルと呼ばれている。ニュージーランドの田舎に行くと、広大な牧場地帯が広がっており、学校までの通学距離が50〜100キロになることもある。毎日通うことが困難な生徒のための宿泊施設がこのホステルだ。したがって、週末になるとニュージーランド人の子どもたちの多くは、両親の迎えによって自宅に戻り、週末は自宅で過ごす子どもたちが多い。学校によっては、週末にホステル内に残っているのは留学生のみになってしまうこともある。しかし、ニュージーランド人と友達になれば、週末はその友達の家にホームステイさせてもらうこともできるので、寮とホームステイと両方を体験することもできる。

――寮とホームステイのメリット、デメリット――

滞在方法を、寮にするか、ホームステイにするかという点も、留学においては、大事な選択ポイントである。本章の最後に、それぞれのメリットとデメリットについて、説明しておこう。

■規則正しい生活が身に付くが、プライバシーが少ない寮生活

寮生活のメリットとして、学校のスケジュールに沿って生徒が行動するので、生活の習慣性が身に付きやすいことがまず挙げられる。起床時間、スポーツ時間、食事時間、自習時間、そして就寝時間が決められており、生徒はそのスケジュールに沿って行動しなければならない。

特に夜の2時間の自習時間は、自分でコツコツ勉強する習慣がついていない生徒にとっては、これがあることにより、強制的に勉強させられるので、嫌が応でも学習習慣が身に付くことになる。成績優秀者にはこの自習時間は免除されるという特権が与えられ、この時間にテレビやDVDを見たり、友達や親に電話をすることも可能になる。しかし、成績優秀者のほとんどは、他の生徒と一緒に勉強していることが多い。勉強しないと自分の成績が下がることがわかっているからだ。一方、成績が悪い生徒は、監督者付きの部屋で2時間みっちり勉強させられる。もちろん私語は禁止だし、居眠りやトイレに行くことさえ許可されないこともある。この監督者付き自習時間から逃れるには、成績をあげるしかないので、生徒はがんばって勉強することになる。また、就寝時間が決まっているので、試験前で勉強を夜中までしたくても、決められた時間になったら消灯して、寝なければならない。(学校により許可を取ればOKになる所もある。)したがって、試験勉強をもっとしたい生徒は、夜型ではなく、朝早く起きてやる朝型にな

らなければならない。

一方、寮制でも、ニュージーランドの公立校の中には、自習時間は設定されていても、それほど厳しく監督されないところもある。一般的に私立校は学習にかなりうるさいが、公立校は自主性にまかせているところが多い。

寮は同じような年頃の生徒との共同生活だ。寮生活を通して、協調性やリーダーシップを養うことができる。最高学年の生徒の中からは、プリフェクトまたはプロクターと呼ばれる、生徒の寮長が選出され、1年間、下級生の相談役や問題解決をするための先生とのパイプ役となる。

食事は、朝・昼はカフェテリア方式（ビュッフェ式）で、自分の好きなテーブルに好きな人と座ってよいが、夕食は、毎日または週に何度かは、ファミリー方式（食事をサーブする生徒の係がいる）となり、決められた席に座って、知らない人と交流する場となる（先生も一緒のテーブルに必ず着席する）。寮の食事はどちらかというとまずいというのが定説だが、好き嫌いのある生徒にとっ

アメリカの私立校の寮の個室。
自分好みにレイアウトできるのも魅力のひとつ。

ては、自分の好きな食事だけを選択できるし、量も自由に調整できるので、気を遣う必要がない。しかし、日本食が出ることはほとんどないため、どうしても油っぽいものやクリーミーなメニューに偏りがちで、特に女子生徒は太りやすく、注意が必要だ。

寮の部屋は、最高学年になると1人部屋を与えられるところが多いが、通常2～4人部屋である。したがって、プライバシーがない。学校の中でひとりきりになれるところは、バスルームのみということになる。気の合うルームメートだったらよいが、気の合わないルームメートと同室になってしまった時は、かなりストレスが溜まることになる。

アメリカの私立校の寮の食堂。掲げられた数々の国旗がインターナショナルな雰囲気をかもし出す。

■相性がカギとなるホームステイの良し悪し

ホームステイのメリットは、なんといっても第2のマイファミリーができることにある。文化も習慣も違う国で、言葉も不自由な時からお世話になったホームステイ先は、実の両親と同じくらい自分のことを理解し、そして助けてくれる大切な存在となる。

一方、ホームステイなんて二度としたくない、と思う子もおり、ホームステイで一番難しいのは、なんといっても相性である。手取り足取り、全てにおいてきめこまやかに面倒を見てくれるホストファミリーは、心配性の子どもにとっては、非常に良いホストとなるが、自分である程度のことができ、干渉されたくない子どもにとっては、わずらわしい存在になってしまう。この相性は、一緒に住んでみないとわからないし、また長く住むことによって、お互いが理解を深めていくということもある。

ホームステイ先には、それぞれの家族によって、家庭のルールがある。食事時間、シャワーを浴びる時間、門限等々、最低限、そのルールを守らなければ、他人との共同生活はうまく回っていかない。自分勝手な行動をしていれば、ホームステイ先から追い出されることになる。しかし、寮生活と違って、帰宅が遅くなることを事前に伝えておけば、食事は取っておいてくれるし、就寝時間も決められていないので、帰宅後の時間は、自分の思うように使える。しかし、自習時間は決められていないので、勉強習慣がついていない生徒にとっては、勉強が遅れがちとなるので注意が必要だ。逆に、夜遅くまで勉強をする生徒にとっては、就寝時間を気にする必要がないので、試験前などは、徹夜して勉強することもできる。

食事の内容も家庭によってまちまちだ。毎日栄養を考えて様々なメニューを提供してくれる家庭もあれば、1週間のメニューが決まっていて毎週同じものが食卓に登場する家庭もある。ホストが子どもの嗜好や食べる量を理解してくれるまでは、我慢して食べることも必要になる場合もあるし、自分から言わなければ、永遠に嫌いなものを食べなければいけないことになる。しかし、かえってこれで、好き嫌いがなくなった子どももいる。日本ではわがまま放題だった子どもも、他人と生活することによって、部屋の電気はこまめに消すようになるし、部屋の掃除や洗濯、ホストの子どもたちの面倒まで見るようになり、自宅で暮らしているときよりも、よっぽど協調性のある、我慢がきく子になる。

また、子どものホームステイ先と親も友人となり、子どもだけでなく親の世界が広がることもある。

私が担当した子で、小学校5年生修了後、ニュージーランドに留学したH君は、日本にいた時から夜尿症で、ニュージーランドに行ってからも、ホームステイ先で1週間に1回はおねしょをしていた。ホームステイ先にも同じくらいの年齢の男の子がいて、その子もやはり小学校5

オーストラリアにホームステイした生徒の陣中見舞をする著者（右）。生徒はすっかり家族の一員となっている。

年生までおねしょをしており、ホストマザーはおねしょを直すベテラン（？）だった。ホストマザーは1ヶ月に1回は、必ずH君の親に手紙をよこし、H君のことを事細かに教えてくれる。H君の母親も辞書を引き引き、拙い英語で返事を返す。このような文通が1年ほど続いた。H君のおねしょ癖は、1年後にはなくなり、これがきっかけで、家族同士が、親戚同然の付き合いとなり、お互いの家を訪問しあう仲となった。

ホームステイ先の環境によっては、買い物や外出が自由にできない場合がある。比較的街に近い、または公共の交通の便があるホームステイ先であれば、放課後や週末に自由に外出することができるが、公共の交通の便が全くない環境であれば、ホストが買い物や外出するときに一緒に連れて行ってもらうことになる。ホストファミリーの多くは、週末に1週間分の食料を買出しに行くので、それに便乗させてもらえばよい。日本の大都市のように24時間オープンの歩いて行けるコンビニはないので、学校の授業や行事で必要だと思われるものは、事前にいつ買い物に行くか、考えておく必要がある。

▼成功する留学先選びのために必要なこと

・子どもの将来の目標とそれに到達するためのステップを具体的にイメージする。

・学校の知名度にこだわらずに、子どもの適性に応じた学校選びをする。
・子どもが住み通う地域・学校は、家庭の経済状態に似たところを選ぶ。
・私立か公立か、寮かホームステイか、費用はもちろんだが、子どもの適性を考えて選ぶ。
・それぞれの国の教育制度や地域・学校情報をよく調べ、子どもに合った地域を選ぶ。

コラム③

海外ならではのユニークな学校〈その1〉

世界一周船の学校──Class Afloat

▼試練を乗り越え成長するプログラム

Class Afloatは、約1年かけて、帆船コンコーディア(Concordia)号に乗り、各地に寄港しながら世界一周の航海をする、カナダの洋上学校だ。

毎年カナダを8月中旬に出発し、6月下旬にカナダに戻ってくる。航路はその年、その年で変わる。この学校の目的は、以下の3つである。

①価値観と道徳を基礎としたリーダーシップの育成
②自分の問題を自分で乗り越えられる自立心の育成
③試練を乗り越えることにより、より上を目指せる人間になること。

約1年間、船上という逃げ場のない空間での共同生活。かなり苦しいことが予想されるが、子どもたちが、この1年でどれだけ精神的にも肉体的にも成長するのか、想像しただけでもわくわくしてくる。

1984年に創立されたClass Afloatは、アルバータ州とケベック州教育省から認可されており、高校生には大学進学準備高校であり、大学生には必要単位が取得できる短期大学となっている。したがって参加生徒は、高校2、3年生、そして高校卒業後のギャップイヤー(高校卒業後にすぐに大学に進学せず、1年間、放浪の旅に出たり、開発国でボランティア活動をしたりして自由に過ごすこと)を取っている生徒、そして大学1、2年生だ。参加人数は、男子、女子合わせて毎年50名前後で、参加者の多くは、カナダ人とアメリカ人だが、ブラジル、オーストラリアなどからの留学生も参加している。

このプログラムに参加するためには、通常の高校に入学するのと同じ書類審査と面接が行われる。1年間の費用は、US$31000ほどかかる。

▼海が荒れたら命がけ

全員が力を合わせてコンコーディア号を操船するのがこの学校の特徴だ。通常は、船長、航海士、エンジニア等の船員が船を操行してくれるので安全とはいえ、海が荒れてくれれば、皆、力を合わせて操船を手伝わなければならない。最初の1週間は、船酔いとの闘いだが、数週間後には全く問題はなくなる。普通なら足がすくみそうな30メートルもあるマストに登り、船の前方を確認する。マストに登るときには、命綱をつけないため（つけていると登るごとにいちいち安全ベルトをはずさなければならず、時間がかかるので、つけないそう）、必ず懸垂ができなくてはならない。天候が荒れたときに海の中に放り出され、命取りになるからだ。また、夜の2時間おきの見張りは、クルーだけではなく、生徒も持ちまわりで任務を果たさなければならない。しかし満天の星空を眺めながらのそのひと時は、自分の人生や世界で起きている様々なことを考える哲学の時間となる。

船上での勉強は、普通の学校で行われる英語、数学等はもちろんだが、各寄港地の名所、史跡を利用してのプログラムが面白い。オーストラリア・グレートバリアリーフでのスキューバ・ダイビング、ハワイの火山探索、イースター島でのモアイ像見学等、楽しいプログラムが盛りだくさんだ。

洋上を進むコンコーディア号。デッキで船のペンキ塗りなどのワークが毎日ある。

●2006〜2007 年のコンコーディア号寄港地スケジュール

寄港先、コースは毎年変わる。2006 年度は、2006 年 8 月 20 日にカナダを出発し、2007 年 7 月 29 日に帰港するまでの途中、21 箇所に寄港する予定。(http://www.classafloat.com/index.html)

〈1 学期：2006.8.20-12.22〉
❶カナダ：バンクーバー→ ❷アメリカ：ハワイ，ホノルル→ ❸ウエスタン・サモア：アピア→ ❹フィジー：スヴァ→ ❺ニューカレドニア：ヌーメア→ ❻バヌアツ：ポート・ヴィラ→ ❼ソロモン諸島：ギゾ→ ❽オーストラリア：ダーウィン→ ❾インドネシア：バリ島→ ❿シンガポール

〈2 学期：2007.1.31-7.29〉
シンガポール→ ⓫マレーシア：ペナン島→ ⓬スリランカ：ガーレ→ ⓭モルディブ：マーレ→ ⓮エジプト：スエズ運河→ ⓯イスラエル：ハイファア→ ⓰ギリシャ：ロードス→ ⓱ウクライナ：オデッサ→ ⓲マルタ：ラ・ヴァレッタ→ ⓳スペイン：マラガ→ ⓴ベルギー：オスティンデ→ ㉑デンマーク：コペンハーゲン→ ㉒ポーランド：グェニア

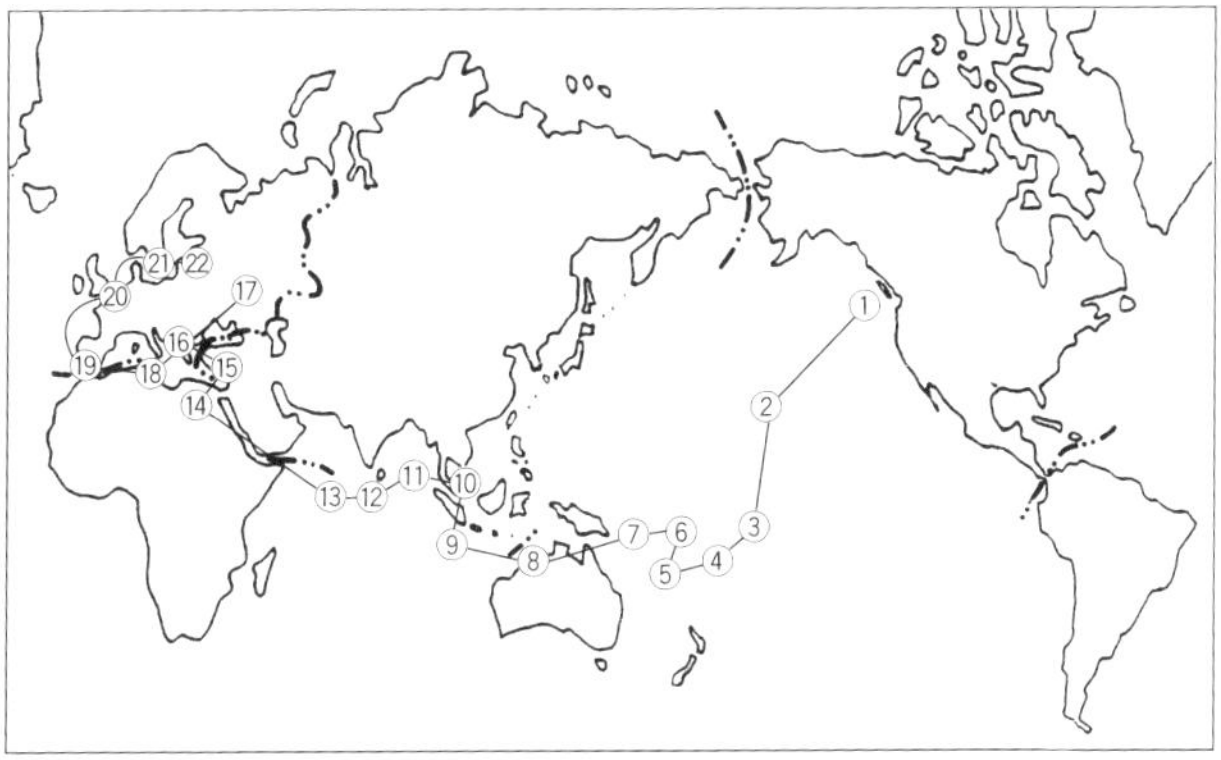

▼私たちが送り出した生徒の中で、日本人として初めて2004～2005年の1年間の航海に参加した、立石宗一郎君（当時高2）にインタビューした。

―乗船前の英語力はどのくらい？

スイスのアメリカン・スクールに1年通っていたので、日常会話は問題がなかった。

―乗船前と後で一番変わったこと

船から落ちたら死ぬ！という経験を何回もこなしてきたので、何が起きても驚かないし、動じない人間になった。また、何でもやってやるぞ！　挑戦してみたい！という意欲が沸くようになった。参加生徒48人のうち、日本人が自分1人だったので、英語力が抜群についた。

―何が一番楽しかったか？

世界各地の港に立ち寄ること。特にココスアイランドとアフリカ諸国は印象に残った。

―一番苦しかったことは？

特になし。とにかくプラスアルファが多いプログラムで、期待を全く裏切らない。

―嵐にあったことは？

バミューダ海峡を渡っているときに、かなり大型の嵐に遭遇した。海水が腰まで来て、必死だった。

―このプログラムに向いている人は？

良い意味で鈍感な人。細かいことにうじうじしない人。プログラムに参加する前に不安より期待の方が大きい人。

―逆に向いてない人は？

苦しいところで踏んばれない人。がんばれない人。

―将来の夢は？

まだ何になるかは決めていないが、何にでも挑戦できる自信がついたので、これから決めていきたい。

1年近く寝食を共にした船の仲間たちとは、男女を越えて、兄弟愛を感じるようになり、船を降りてしばらくは、船で生活していた仲間のことを思うと涙が出てしまうほどだったという。

船上の立石宗一郎君。

コラム④

海外ならではのユニークな学校〈その2〉
山の中がキャンパス—Geelong Grammar School

▼生まれてすぐに願書を出す人気プログラム

オーストラリアのヴィクトリア州にある、Geelong Grammar School では、9年生になると生徒全員が Timbertop という山の中にあるキャンパスに移動し、そこで1年間、屋外学習をする。イギリスのチャールズ皇太子もこの学校で1年間学んだことでも有名なプログラムで、オーストラリア人の中には、子どもが生まれてすぐにこの Timbertop プログラムに申し込みをする親もいる。留学生の枠は別にあるので、そこまで早く予約をする必要はないが、しかし、遅くとも留学させたいと思っている2年以上前に手続きを始めることをお勧めする。

Geelong Grammar School の教育課程は、幼稚園～高校までの一貫教育で、9年生のみがこの Timbertop のプログラムとなる。他の学校に通っていても、1年間だけこのプログラムに参加することも可能だ。

このプログラムでの生活は以下のとおりである。

(1) 生徒は、1グループ、15人または16人に分けられた独立したユニットで生活し、勉強する。男子は8人部屋、女子は5人部屋。先生は、それぞれのユニットの監督者としての役目も果たすが、一人一人の生徒が自覚を持ち、自分達の役割（部屋の整理整頓、掃除、窯《かま》に燃料をくべる、薪を集める、夜の勉強、洗濯、夜食の用意等）の責任を持たなければならない。

(2) 山での生活環境は、自己信頼とグループでの協力体制の開発にも役立つ。1、2、4学期には、かなり多くの週に2日半ほどグループ毎にキャンプやハイキングを体験する。また、全ユニットの生徒が参加する、ハイキング、スキー、カヌーなどのプログラムもある。

(3) 男子生徒も女子生徒も学校の建物を維持するた

め、またこのプログラムをスムーズに遂行するために、毎日、建物内やグラウンドを掃除し、2週間に一度は床と窓を磨く。学校の敷地内にある灌《かん》木《ぼく》林から木を切り、薪割りをする。また、各学期に1週間ずつキッチンを手伝い、食事のサーブをしたり、食器洗いをする。

(4) 生徒一人一人がイニシアティブを取り、個人個人またはグループで動物、植物、天気、土地の形成、歴史、環境問題、また植物と動物のコミュニティの関連性についてなど広範囲にわたって勉強をする。英語、数学、歴史、科学のほかに、選択科目として、環境学、地理がある。また、フランス語、ドイツ語、日本語、音楽も選択できる。

(5) 美術と工作は、実地プロジェクトとして特に重点が置かれている。全ての生徒は、旋盤、電気のこぎり、重いミシン等の道具の使い方を学習し、テーブル、スキー、デイパック、シープスキンのベストやブーツ、キャンバス地の製品、革製品等を作成する。

(6) 1、2、4学期は、特にブッシュ・ウォーキングを多くする。全員が毎週2日半、1グループ5人または6人で山の中を歩き回る。1、2学期は、ナビゲーション技術、旅行の計画の立て方、ブッシュマンシップを学び、自分の能力でどこまで安全に旅行が行われるか自信をつけさせると同時に学ぶ。1学期には生徒自身によって計画された3日間の旅行が行われ、学年末には、6日間の遠征旅行に出かける。週末のコミュニティーサービスでは地元の農家や地域のコミュニティーセンターを手伝い、2学期にはオリエンテーリングをする。3学期はスキー場で全員がスキーを学び、春には、全員がカヌープログラムに参加する。

▼自分で責任を取る力を身につけるために

通常のキャンパスでは絶対体験できない様々なことを、山の中で共同生活をしながら、学んでいくというユニークなプログラムは、1951年、当時の校長である、ジェームズ・ダーリングによって発案された。発案の理念は、「思春期の少年というものは、学校と呼ばれるマシーンから飛び出ることで、自分自身の力により、より良く発展する可能性が高いのではないか？　異なった、過酷な環境に置かれ、克服しなければならない状況のもとで、彼らは、自分自身で責任を取るようになり、挑戦するべき何かを与えられることになる。一番重要なことは、自立すること。責任を取るということに挑戦するということである」というものだ。この理念は、チャールズ皇太子をはじめ、多くの卒業生が学び、体現していると言えるだろう。

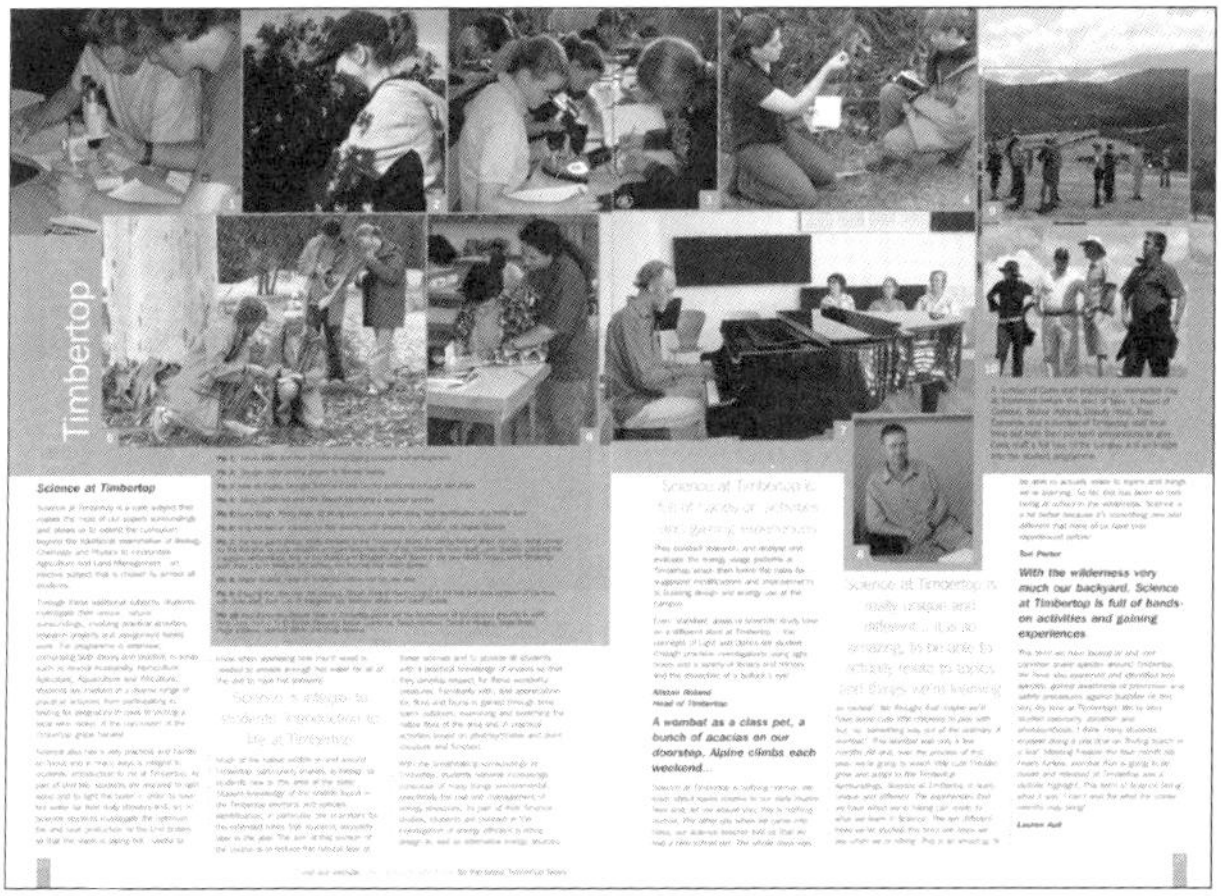

Timbertop

Science at Timbertop

A wombat as a class pet, a bunch of acacias on our doorstep. Alpine climbs each weekend...

With the wilderness very much our backyard. Science at Timbertop is full of hands-on activities and gaining experiences

Geelong Grammar School 発行の学内情報誌 *Light Blue*（No. 62）より。

第４章　留学先の情報収集には、絶対手抜きをしない

――インターネットで基本データと最新情報をチェック――

留学してみたい！と思っても、どの国が良いのか？　どんな学校があるのか？　自分は留学に向いているのか？　と様々な疑問が生じてくる。

英語を母語としている国の多くは、積極的に留学生を受け入れており、各国の大使館のホームページにアクセスすると、教育・留学のページで、教育システムの説明や、留学するにはどのような手順を踏んだらよいのか、学校の紹介、学生ビザの取り方等を教えてくれる。また、年に数回、留学セミナーを大使館主催で開催するところもある。セミナーには、学校の留学担当者が来日することもあり、彼らに直接話を聞ける良い機会だ。

また、アメリカ・カナダの私立校の多くは、私立校協会（The Association of Boarding Schools）

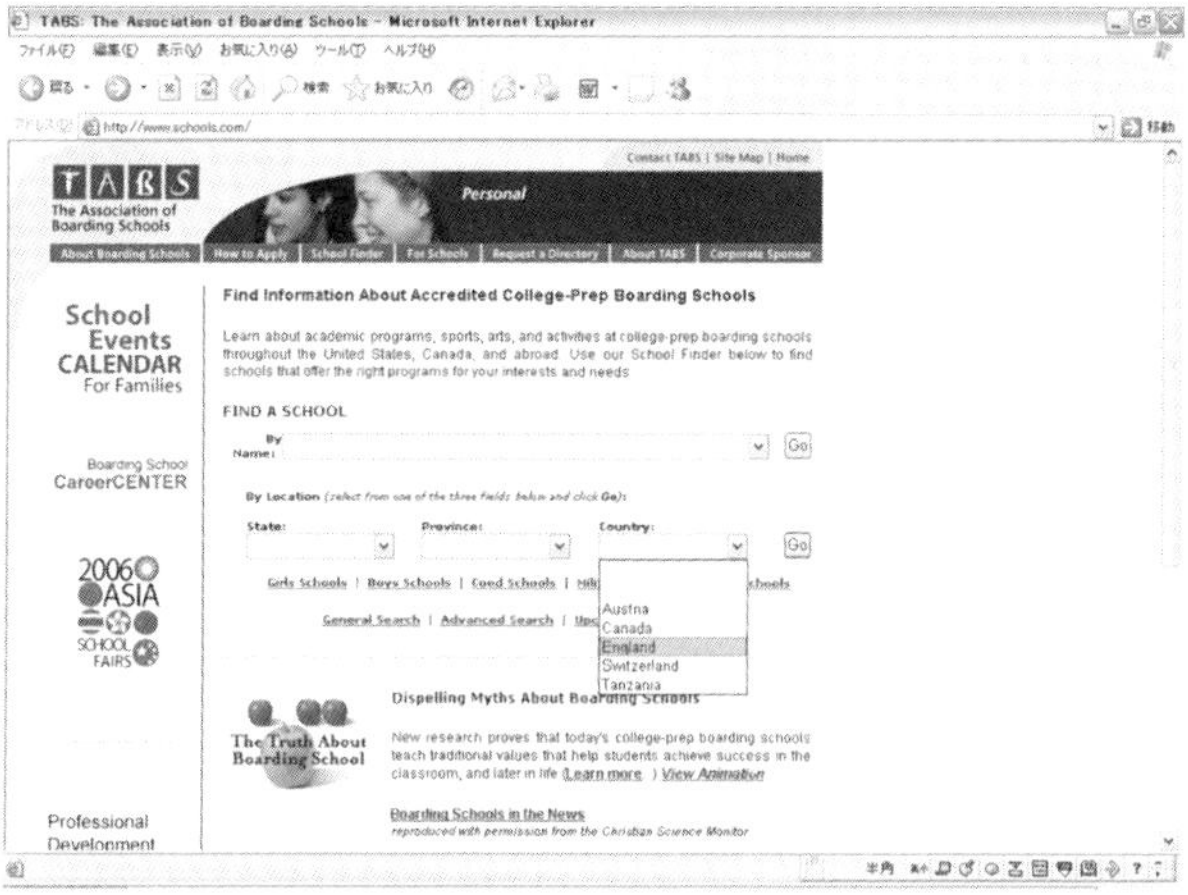

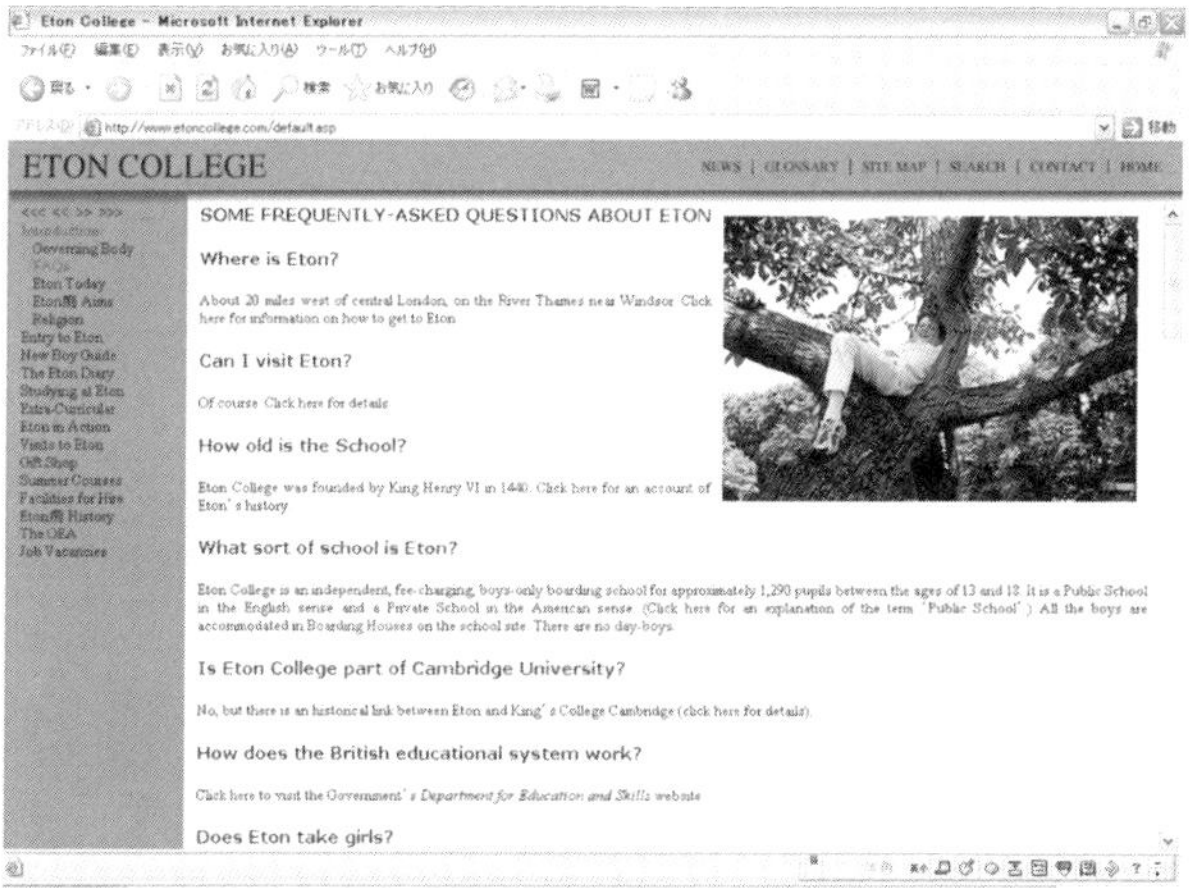

（上）私立校協会のサイトでは、アメリカ・カナダの他、イギリスやスイスなどのヨーロッパの寮制学校も検索できる。
（下）イギリスの名門、イートン校のサイトから。FAQ（よくある質問）や学校生活の様子など、伝統校ながら豊富なコンテンツ。

に加入しており、そのホームページにアクセスすると、さらに詳しくそれぞれの国の教育制度や学校の紹介が記載されている。

最近は私立校、公立校を問わず、各学校のホームページが充実している。パンフレットやＤＶＤで、アップデートの情報を掲載することは無理だが、ホームページは毎日、更新されているので、最新情報を入手することが可能だ。学校によっては、キャンパス内の様子を動画で見られるところもあるし、スポーツの対抗試合の結果を刻々と伝える学校さえある。ちなみに、私立校は、オープンハウス、オープンキャンパスと言って、見学希望者に学校を開校する日を設けているところもあるので、実際に行けるかどうかはともかく、チェックしておくとよいだろう。

巻末（１８０ページ）に、第3章で紹介した国々の大使館や私立校協会などのホームページを記載するので、ぜひ一度アクセスしてほしい。

——パンフレットで得られる情報は見逃せない——

興味のある学校が選定できたら、学校にパンフレットを請求してみよう。多くの学校のホームページには、資料請求のページがあり、そこに自分の名前、住所、電話番号、入学希望年、学年等を記入して送信すると、立派なパンフレットが送られてくる。私立校のパンフレットは、独自の個性を生かし、自分の学校の良さをいかにアピールできるかを競い合っていて、見ているだけでも楽しいものが多い。最近は、パンフレットを請求すると学校紹介のＤＶＤやＣＤを同封してくれるところもあり、施設、寮の部屋の様子、スポーツや課外活動、授業風景に加えて、校長、寮長、在校生、卒業生のインタビューが盛り込まれている。残念ながら、全て英語だが、学校の様子やどのような子どもたちが勉強しているかはわかるので、参考にはなるだろう。

一方、公立校の多くは、入学する学生のほとんどが地域在住の子どもたちなので、学校のパンフレットが用意されていないところも多く、パンフレットを請求すると、簡単な学校紹介、費用の明細、コース内容の説明、学校行事のニュースレターのみで、ビジュアル的なものが一切ない場合もあるので、学校の雰囲気は、把握しにくい。

パンフレットと一緒に願書類一式が同封されていることもあるが、学校によっては、正式願書を請求するには、Preliminary Application という正式願書提出前の事前

各校のパンフレットや CD-ROM。充実した学校生活をアピールする色とりどりの力作である。

願書を提出することが必要だったりする。

気をつけなければならないのは、パンフレットに記載されたり、ＤＶＤに映像化されている学校紹介は、学校の一番素晴らしい状態を映し出しているということだ。各校は自分の学校の一番良い所をアピールするためにこのような資料を用意しており、決してマイナス面は語らない。特に寮の部屋は、その学校の一番良い部屋とされている部屋を撮影している場合が多く、実際行ってみると実物とギャップがあったりする。また、ＤＶＤは、2年に一度くらいの間隔で作成されるので、体育館、アートギャラリー、寮、コンピュータルーム等の学校施設がこの間に新設、改築される場合もあり、学校の施設については、インターネットなどで、最新の学校情報を参照した方が良い。

――生きた情報はOB、OGの体験談から――

留学生を受け入れている学校には、日本人が通っていることが多いし、今は在学していなくても卒業生ならたいていいると言ってよい。

実際に留学を体験したＯＢ、ＯＧの生の声を聞いてみると、パンフレットやホームページから得た印象と違う場合もあるし、逆に自分が描いていたイメージそのままの学校もある。寮の食事はどんなものか？　寮の部屋はどんな感じか？　ＥＳＬの先生は教え方がうまいか？　スポーツは何が強いか？　週末はどんなことをして過ごすのか？　近くにはどのくらいの規模の街があるのか？　買い物はどうしていたのか？……等々、様々な質問をしてみるとよい。ＯＢ、ＯＧは、喜んで答えてくれる。

では、どうすれば体験者から話が聞けるのだろうか。

留学生の受け入れに積極的な学校は、担当者が日本を訪問し、興味のある生徒や保護者のために説明会を開催したり、入学希望者と面談を行ったりする。また、在校生の両親や卒業生を集めてレセプションを開催する場合が多いので、ぜひ、そのような催しに参加してみることだ。ただし、ＯＢ、ＯＧの声を聞くとき、その人が何年の卒業生かという点に注意してほしい。10年前の卒業生であれば、その人が入学したときには、ＥＳＬがなかったかもしれないし（逆に以前はあって、今はない場合もある）、施設もだいぶ変わっていたりするからだ。

現在の学校の状況について日本人から詳しく聞きたい場合は、直接学校に、在学中の日本人でコンタクトが取れる生徒がいるか聞いてみることだ。個人情報保護の問題があるので、情報をもらえない場合もあるが、学校によっては、留学生各国の代表者（Representative：Rep）を用意していたりする。Repがいる学校は、在籍している留学生の親の連絡先や、長年に渡って学校のRepをしている担当者の連絡先を教えてくれるので、直接連絡を取っていろいろと質問ができるだろう。

また、「留学していて一番苦労したこと」「留学して一番良かったと思うこと」「どうやって、英語力をあげたのか？」といった、学校内容以外についての質問も、希望する学校に関係なく、聞いてみるべきだ。学校の先生やネイティブの生徒は問題だとはとらえていない点であっても、日本人であれば、悩みとなることも多い。特に、英語力が不足している状態から留学を始めることが多い日本人にとって、「友達はどうやって作ったのか？」「いつ頃から英語での授業を理解し始めたのか？」などは、誰でも知りたいことだと思うし、自分が留学するとき、必ず参考になるだろう。

――留学のプロのサポートがあれば心強い――

それぞれの学校の情報をインターネットやパンフレットから、ある程度入手し、また、生の情報源である在学中の生徒やＯＢ、ＯＧにも話を聞いた。それでも、やっぱり学校のイメージがはっきりつかめないという場合もある。細かく言えば、「ＥＳＬのクラスが中級以上からあると書かれているが、中級とはどのくらいのレベルなのか？」「自分の今の英語力で入学できるのか？」「学校の数が多すぎて、どの学校が良いのかわからなくなってしまった」等、調べれば調べるほど、わからなくなってしまう人は少なくない。そういう時に頼りになるのが、留学を斡旋する会社だ。

日本には、小学生から高校生までの留学を扱っている会社は、百単位の数で存在する。それぞれの会社が各々の特徴を持っているし、留学に対する考え方も千差万別だ。だから、どこに相談に行くかで、志望校選びの方向は、まったく違ってしまうかもしれない。

では、どのような会社を選べばよいのだろうか。最低、チェックすべき点は次の4つだ。

① 自分の留学に必要な情報をしっかり提供してくれる会社なのか？

（各国の教育システムの違い、各学校の特徴や、入学希望校のレベル、要求する英語力、留学生数をしっかり把握しているか？）

② 留学後のフォローをしっかりやってくれるところなのか？

（ホームシックや滞在先での人間関係についての相談、コミュニケーション不足により生じた誤解を解くための相談、履修科目の選択の仕方や成績を上げるためにどうしたらよいのかについてのアドバイス、休暇時に寮を出なければならない時の滞在場所の手配、校則違反をし、停学、退学処分になった時等の相談など）

③ 今までにどのくらいの数の生徒を世話しているのか？

④　自分に必要な世話をしてくれる会社はどこなのか？

（願書作成指導、面接指導、学校訪問の手配、ビザ取得の手続きなど）

③については注意が必要だ。扱っている生徒数が多ければ、それだけ多くの情報を持っているだろうが、渡航前までの世話しかしないところであれば、渡航後にわかってくる情報（学校の学生への世話の密度、先生の質、学生の質等）は少ないということもある。

費用も気になるところだろう。これも、金額の安い高いだけに惑わされず、料金に見合う世話をどれだけしてくれるかを見極めてほしい。費用が安い場合は、提供してくれるサービスが限られていることも多いし、また逆に、高い会社は、自分には必要としない世話が含まれていたりする。だから、自分が相談したいこと、やってもらいたいことを明確にしてから、留学を斡旋する会社のところに行ってほしい。

自分自身が留学コンサルタントだから宣伝するわけではないが、多少の費用がかかっても、プロを頼むことで得られるメリットは大きい。一番の利点は、なんと言っても情報の豊富さにある。私自身も、この点には自信を持っている。量はもちろんだが、個人レベルではなかなか知り得ないようなことも、留学斡旋を職業としている人間は把握している。今までＥＳＬがなかった学校が来年度からＥＳＬを設ける、経営難のため学校の規模が縮小して半分になってしまった、などの最新情報はもちろん、最近、ドラッグで退学者が何人出たとか、校長先生が心臓発作で急死し、学校の統制が取れなくなってきているといった、表には出てこないが、学校選びには重要な話も聞くことができる。

そういう会社に頼むとお金がかかるから、自分で全てやってみようと思う人もいるだろう。それでも、会社によっては、無料カウンセリングの他、定期的に無料の説明会やセミナーを行っていたりするので、そのようなチャンスは、どんどん利用するとよい。

また、海外の学校は、自校のPRのために来日することも珍しくないが、その時に留学を斡旋する会社を訪問することが多いので、事前に自分の希望とする国や学校を斡旋会社に伝えておけば、希望校の校長や、留学生担当者が訪問した時に、連絡をしてくれるところもある。（ただし、場合によっては費用が発生することもあるので、事前に確認は必要。）

ニュージーランドの学校の留学生担当者を呼んでの保護者対象のセミナー（EDICMにて）。

——百聞は一見に如《し》かず、学校訪問の大切さ——

日本で、中学校、高校を受験する際、事前に一度は、その学校を訪問すると思う。パンフレットやホームページから学校のおおまかなイメージをつかむことはできるが、やはり自分の目で見て、体で感じることは大切だ。学校が建っている場所ひとつとっても、位置は地図で確認できるが、周囲の環境、街の安全性、便利さ、街への交通手段等は、実際に行ってみないとわからない場合が多い。

海外でも同じだ。留学先を選ぶ時の最後の決め手でもあり、最も確実な判断材料を提供してくれるのは、やはり学校訪問である。会社によっては、ツアー形式など、やり方はいろいろあると思うが、私のオフィスでは、クライアントのリクエストに応じ、個別にこのような学校訪問を催行している。もし、費用と時間の折り合いがつくのであれば、入学を決める前に、候補となっている学校を、ぜひ一度訪れてみてほしい。

学校訪問で一番大切なのは、写真や文字からはわからない、「動き」である。訪問時に、生徒たちが気軽に声をかけてくれるのか？　遠巻きにうさんくさそうな顔をして訪問者を見るのか？　訪問者に対して全く無関心か？　Admission Office（入学事務所）はどこかと迷っている時に、率先して声をかけてくれる生徒や先生はいるのか？

実際に訪問してみると、その学校の持つ雰囲気が体に伝わってくるのがわかる。学校の規則書には、制服の細かい規定が書かれていて、堅苦しいイメージの学校であっても、実際訪問するとカジュアルな雰囲気を感じたり、その逆もまたある。寮制の学校を選ぶ場合は、寮の部屋の広さ、清潔さ、バスルーム付きの部屋の有無もチェックできる。

学校の敷地が広大であれば、教室と寮の移動に時間がかかり、雪で埋もれる冬は、大変だろうなと感じたり、逆に、広大な敷地の中に、点々と佇む学校をイメージしていたら、学校の建物が街の中に集中してあり、スポーツフィールドが学校の建物から離れているという学校もある。

アメリカの州都の街なので、街も大きく、買い物には不便はしないであろうと思っていたら、ハイテク産業の衰退で、街自体に活気がなくなり、安全面で問題のあることを発見したりもする。

また、私立校の中には、受験に際して、成績表や推薦状等の書類の提出に加えて、面接を必要とするところがある。どうしても学校訪問が難しい場合は、電話でのインタビューでも可能なところが多いが、やはり時間とお金が許す限り、ぜひ面接に行ってほしい。学校もどんな生徒なのか面接をして知りたいだろうが、こちらも学校訪問をすれば、校長先生と会ったり、ＥＳＬの先生と直接話をすることで、学校生活のイメージをつかむことができる。

アメリカのボーディング・スクールの中には、一日体験をさせてくれるところもある。前の晩に校内のゲストルームに宿泊し（学校によっては、寮の一室に泊めてくれる）、翌朝、生徒たちと共に一日を過ごすことができるのだ。みんなと一緒に起床し、朝食、朝のミーティングに出席し、一日5〜7時間の授業、そしてスポーツの時間もある。たった一日の体験でも、得難い情報を得ることができるだろう。たとえば、食事は美味しいか、まずいか？　授業の内容は簡単か、難しいか？　授業を受けている生徒の態度はどうか？　先生の教え方は、日本とどう違うのか？　英語で授業を受けることはどんなに大変なのか？　数学は日本より簡単と言われているが、本当か？　1クラスの人数はどれくらいいるのか？　宿題は、どれくらい出るのか？　生徒はどんな感じの子が多いのか？　そして、自分はこの学校でやっていけそうか？

事前の学校訪問は、企画する留学斡旋会社や留学する国によって変わってくるが、たいてい入学する月の半年〜1年前に行われる。国によって、また訪問する学校数によっても変わってくるが、面接を要求することが多いアメリカの場合、およそ1週間で、40〜60万円が目安である。費用には、往復航空運賃、宿泊代、現地での交通費、食事代が含まれる。親子に英語力がなく通訳が必要な場合、また学校とのアポイントメントや交通の手配を自分でするのが難しい場合、親の都合がつかず、子どもだけで学校訪問に行かせる場合は、コンサルタントが付き添うことになるが、その分の追加費用（会社によって料金設定が変わってくる）も発生する。

特に、高校留学では、留学する本人だけでなく、親も学校を自分の目で確かめておくと安心なので、親子一緒に行くことをお勧めする。

▼留学先選びのための情報収集

・大使館や私立校協会（アメリカ、カナダ、スイスの場合）、志望校のホームページをチェックする。
・志望校のホームページから資料請求し、パンフレットやDVDを入手する。（ただし学校の施設についてはDVD情報だけではなくサイトの最新情報を確認する。）
・志望校が開催する、入学説明会や在校生の親・卒業生が参加するレセプションに参加し、実際にその学校に留学したOB、OGの話を聞く。
・在学している日本人のRep（留学生各国の代表者）を用意している学校には、直接連絡し、知りたいことを何でも質問してみる。
・留学斡旋会社に相談や手続きを依頼したり、あるいは無料のカウンセリングや説明会、セミナーを探して参加する。
・できれば実際に現地へ行き、学校の雰囲気を見たり教員や在学生と話をしたりする。

コラム⑤

留学前にしておくべき英語の勉強

▼ポイントは「どのような英語力」があるか

留学先の学校によっては、留学生用のESLを持っている学校もあるので、留学するときの英語力が、ネイティブ並みに必要だということはまずない。ただし、英語力がある程度ついている子どもと、全くない子どもが留学した場合、現地での生活がスムーズに運ぶようになるまでの時間にはかなり差が出てくる。英語力があっても文化や習慣、考え方の違いで最初の頃は苦しい留学時期を送ることになるが、ない場合は、もっと苦しいということを覚悟しておかなければならない。

学校選択をするときも、英語力があれば、学校選択の幅がかなり広げられるが、ない場合は、限られた学校群の中から選ばなければならなくなる。

多くの親御さんから「では、どれくらいの英語力があった方がよいのでしょうか？」とよく聞かれるが、答えは、「あれば、あるほどよい」としか言えない。理想を言えば、TOEFLは480点（PBT）、157点（CBT）、58点（iBT）以上、英検では2級以上だが、重要なポイントは、「どのような」英語力があるか、ということだ。

日本人は、英語ができる人イコール「英語を話すのがうまい人」と勘違いしているところがあるが、本当に英語ができる人というのは、文法がしっかりしていて、文章力がある人だ。もちろん、会話がうまいに越したことはないが、留学先で最も必要とされるのは、読解力と筆記力である。日本での英語の勉強は文法に力を入れている学校が多いため、英語そのものを嫌いになる生徒が多いが、この文法は、正しい英語を話す、書くためには避けて通れないものだ。特に高校から留学を考えている子どもたちは、英語の文章はどのようにして成り立っているのかを理解することが必要となってくる。

▼長続きするお勧め勉強法

そのためには、文法の本をこつこつ勉強するという方法もあるが、面白くないので長続きしない。それより、自分の言いたいことを英語で書いて、それを直してもらった方が、英語を身近に感じることができるし、留学しても役に立つ。

だから、留学前に日本でしておくことがお勧めの勉強は、具体的に言うと、次の2つである。

・英語の本をなるべく多く読んでおくこと（単語数が少なく、できるだけ薄い本から読み始めるとよい）

・毎日、英語で日記を書いたり、自分の興味のある分野をリサーチして英語にし、それを誰かに直してもらうこと

「英会話学校には通った方がよいでしょうか？」という質問も多い。これも、行かないより行った方がよいでしょう、という程度だ。ただし、外国人と話すとあがってしまったり、物怖じしてしまう子どもであれば、英会話学校で外国人と英語で話すことを経験しておいた方が、留学先で友達や先生にスムーズに話しかけられる利点はあると思う。

▼OxfordやPenguinなどのペーパーバックでは、多読教材としてそれぞれ語数でレベルを分けて本を用意している。自分のレベルに合わせて無理なく読み進めることができるのでお勧めである。

以下に、各社のレベル表とサイトを紹介するので参考にしてほしい。

Oxford Bookworms　＊数字は語彙数

Starters	250	Stage 4	1,400
Stage 1	400	Stage 5	1,800
Stage 2	700	Stage 6	2,500
Stage 3	1,000		

http://www.oup-readers.jp/students/index_jp.html

Penguin Reader

Easy-starts	200	Stage 3	1,200
		Stage 4	1,700
Stage 1	300	Stage 5	2,300
Stage 2	600	Stage 6	3,000

http://www.penguinreaders.com/pr/grading.html

第5章　子どもの留学中に親がしてはならないこと

さて、無事に留学先も決まり、いよいよ希望と不安に満ちた留学生活へ突入していく。子どもが出発した後、心配で心配で夜も眠れない親もいれば、出発した途端に親の責任は果たしたと勘違いして、子どもの留学生活に無関心になる親もいる。子どもへの過干渉もいけないが、ほったらかしにしておくのもよくない。子どもを現地に送った親はどんな点に気をつけなければならないか。本章では留学先の子どもとの関わり方についてお話したいと思う。

――子どもに大金を与える――

「うちの子は留学先でお金がなくて困っているんです」

せっぱ詰まった口調で、相談してくる親がいる。

「何かあった時のために10万円は、口座にいつも入れておきたい」「月々のおこづかいが1万円なんて、きっとやっていけない」と、彼らは言う。「お金がなくて食事もできない」と、子どもが泣きながら電話してきた…だから、頼まれるまま、どんどん留学先にお金を送る。

子どもを留学させている親が陥りがちな過ちだ。だいたい、子どもたちが滞在している場所は寮かホームステイなわけだから、食事ができないなんてことは100%ありえない。たいてい現地の食事が口に合わなくて食べていないという、わがままといってもいいレベルの話だ。とりあえず、食べ物があり、健康に生活ができるのであれば、お金を送る必要など、全くないのである。

留学するからには、常識として知っておいてほしいのだが、日本ほど食事のバラエティーに富んでいる国は、ほとんどない。日本だったら、普通、家庭の夕食には、メインディッシュにサイドディッシュが何品か並んでおり、週に何度もマクドナルドのハンバーガーや出前ピザということは、まずないだろう。しかし、それぞれの留学先には、それぞれの食習慣がある。また、ホームステイ先も、家庭によって、食事の味も習慣も違う。「食文化の違い」を経験するのも、留学のひとつの意義だと私は思う。

それはさておき、留学生の親は、子どもにお金をねだられることが本当に多い。ここで、なぜそんなに子どもがお金を欲しがるのか、自分の子ども時代を振り返って、よく考えてもらいたい。

① 遊ぶお金が欲しい

② 親がすぐにＯＫしてくれそうもない欲しいものがある

この2つが、すぐに思い当たるだろう。子どもたちも、正直に頼めば親に断られることぐらいはわかっているので、お金をもらうためにあらゆる理由を考えてくる。「教科書をなくして、もう一度購入しなければならない」「時計を盗まれたから買わなくてはならない」「コンピュータが壊れたから修理が必要だ」などと聞かされた親は、「なんだか、困っているようだから、すぐにお金を送らないと…」と、おろおろしている。

ここで、あわててはいけない。そんな時、私は「では、学校に教科書代がいくらか聞いてみますね」「時計を盗まれた証明書を警察からもらってもらいましょう。そうすれば、保険がおりますから」「コンピュータは修理する前に見積もりを取ってもらいましょう」とアドバイスする。そうすると子どもたちは、手のひらを返したように、「なくなったと思った時計が見つかった」「コンピュータが自然に直った」と言うのである。

慣れない環境で一生懸命がんばっている子どもたちに、たまには、わかっていて騙されてあげることも必要だとは思う。だが、言われるままにお金を送ることは、子どもをわざわざ危険なトラブルに誘うようなものだ。子どもが必要以上に、それもコンスタントにお金を要求してきたら、次のことを疑った方がよい。

① タバコを吸っている
② ドラッグをやっている
③ ギャンブルをやっている

まず、タバコだが、海外で購入するタバコは日本よりも高額なことが多く、毎週もらうおこづかいではとてもまかないきれない。また、ドラッグは、タバコと同価格で入手可能なものから、それこそかなり高価なものまで様々だ。子どもの言うがままに毎月10万円送金していた親がいるが、その子はギャンブルにはまっていたというケースもあった。スロットマシーンにお金をつぎ込み、失ったお金を取り戻そうとするがためにますますお金を失うという泥沼地獄。あまりにも金遣いが荒いので、さすがに送金をやめたところ、友達にお金を借りてまでギャンブルをやり続け、結局、総額30万もの借金を親が返すはめになってしまった。せっかく留学させたのに、子どもにタバコやドラッグやギャンブルを覚えてほしいと思う親がどこにいるだろうか？　ことはお金だけの問題ではない。留学生の親は、財布の紐をぎゅっと固く縛っておくことだ。

もうひとつ、注意が必要なのは、クレジットカードである。何かあったときのために、と、子どもにクレジットカードを最初から持たせる親がいる。日本で、クレジットカードを持っている中・高校生が果たして何人いるだろうか？　海外でも同じである。通常の生活でカードが必要とされることはまず「ない」と言っていい。カードを紛失したことに気づかず、何百万も使われてしまったケースもあるのだ。

――子どもに贅沢をさせる――

「エコノミークラスは嫌がるので」「体が大きいので、エコノミークラスではかわいそうだから」…そんな理由で、子どもをビジネスクラスに乗せたがる親もいる。私の答えはこうだ。「20年早いです。ビジネスクラスに乗るのは、自分で稼ぐようになって、自分のお金で乗れるようになってからにしてください」

ただでさえお金のかかる留学である。子どもたちには、自分の留学にどれほどのお金が使われているのか、よく理解させることが必要だ。体が大きい子どもたちにとって、確かにエコノミークラスで10数時間のフライトはきついだろう。でも、子どもは我慢できるし、我慢しなければいけない。小さい時に我慢してこなかった子どもたちが、果たして大人になって我慢できるだろうか？　大人になればなるほど、我慢することは難しくなるのだ。親は、お金をかけても有意義なことと、そうでないことを、しっかり見極めてほしい。

また、ブランド品を買い与える親もいるが、これはやめるべきだ。アメリカやイギリスで、ルイ・ヴィトンやクリスチャン・ディオールのバッグを持ち、グッチの靴を履いて、学校へ行く中・高校生がいるだろうか？　ブランド品を身につけて通学する必要は全くないし、イギリス、カナダ、オーストラリア、ニュージーランドの中学・高校のほとんどは制服なので、私服は少なくていいのだ。高級なブランド品は盗まれたり、犯罪に巻き込まれる可能性も高くなる。現地の生徒と同じような装いで生活することが、安全な生活を送るための最も重要なことなのだ。

――子どもをほったらかしにする――

過干渉な親にも困りものだが、逆に、子どもが日本にいないのをいいことに、留学した途端、子どもに無関心になる親もいる。彼ら彼女らの言い訳はこうだ。

「だって私、英語ができないから、先生とコミュニケーションが取れないんですよ」

「時差があって、なかなか子どもと連絡が取りにくいから」

「寮の学校って何でも先生が面倒見てくれるんですよね。だから、私が連絡を取らなくても大丈夫」

英語が自分でできないなら、英語ができる人に頼めばいいではないか。または、これを機会に昔の英語の教科書を引っ張り出して、英語の勉強をするぐらいの努力はしてほしい。中学校までの英語の文法がわかっていたら、あとは辞書を引き引き、なんとか簡単な手紙くらいは書けるはずだ。

学校の先生だけでなく、自分の子どもが世話になっているホームステイ先の家族にも、「よろしくお願いします」と、挨拶くらいはするべきだと思うが、それすらしない親が多すぎる。もし、これが外国でなく日本だったら、自分の子どもが他人の家にごやっかいになる時、電話や手紙で事前に、または到着後に必ず挨拶するのが常識であろう。挨拶のひとつもなければ、なんて非常識な親なんだろう、となるはずだ。海外でも同じである。自分の家に、外国人留学生がホームステイすることになったことを想定してほしい。その子の親から、「面倒をかけると思いますが、よろしくお願いします」の一言があったら、どんなに嬉しいだろう。

できれば、手紙の中に、挨拶に添えて、自分の子どもの長所や短所を書いておくと、ホームステイ先は非常に助かる。文化も習慣も全く違う子どもを預かるわけだから、情報は多ければ多いほどよい。巻末（182ページ）に、お世話になるホストファミリーへの挨拶状の例を挙げるので、参考にしてほしい。

留学したら、ある程度、現地の先生やホームステイ先にまかせることも必要だが、彼らも親から全く連絡がなければ、「何を考えている親なのか?」「子育てを放棄しているのか?」とも捉えかねないだろう。

ホームステイ先と、電話でコミュニケーションを取ることが難しい場合は、メールやファックスでやればよい。つたない英語であっても、誠意は十分に通じるし、子どものことに常に関心を持っているということが伝われば、子どもに何かちょっとした変化が起きたり、大きな問題を起こす前触れを教えてくれる可能性が大きくなるだろう。

夜遅くまでテレビゲームをしていて、朝起きられなくて遅刻が多いこと、ひどいダイエットをしていて食事をほとんど取らなくなったこと、夜遊びが多くなって金遣いが荒くなったこと等、ホームステイ先が子どもたちのちょっとした変化を教えてくれれば、たとえ離れていても、状況が何もわからず、ただ心配するのではなく、問題に対処する心がまえも変わってくると思う。とにかく何らかの手段で定期的に連絡を取っていれば、子どもの様子もわかるし、何かあった時にも安心だ。これが、問題が起こっていきなり連絡するのでは、話がよけいややこしくなってしまう。

滞在先が寮制学校の場合は、学問を教える教師と生活面の面倒を見る寮母がいる他、ほとんどの場合、生徒一人一人にアドバイザーやカウンセラーがついて、子どもたちの学習面や生活面で起こる出来事や悩みに相談に乗ってくれる。したがって、親は、このアドバイザーの先生と懇意になることを勧める。子どもにもよるが、ある年齢になると自分のことを一切親に話さなくなる。そういう時に、こういう信頼のおける学校関係者がひとりでもいると、子どもの様子がわかって安心だ。子どもと話をしてどうも様子がいつもと違うと感じたら、アドバイザーにメールで聞いてみるとよい。最近、子どもの身に起こったことを教えてくれるかもしれない。

現地で頼りになるガーディアンや、留学コンサルタントなど日本でホームステイ先の家族と連絡を取ってくれる人がいない場合は、親が直接、学校やホームステイ先の家族と連絡を取ることが必要となる。

子どもが危険な状態に巻き込まれてしまってからの対処は時間がかかる。留学先と頻繁にコミュニケーションを取ると同時に、毎日連絡を取る必要はないが、子どもたちと、一週間に一度はメール交換をしたり、電話で直接話をしてほしい。私が担当した中で、留学先で問題が生じ、子どもに電話してほしいと頼んでも、電話に出たネイティブと英語で挨拶をしなければならないから電話したくないと言う親がいた。でも、向こうは、こちらに英語力がないのは十分わかっているのだから、そんなに怖気づかなくたっていいのだ。もし、早口な英語でまくしたてられたら、〝Thank you, thank you〟と答えていれば、彼らもあきらめて、子どもにすぐに替わってくれる。

子どもはただでさえ親の目がないと思って、やりたい放題やりかねないのだから、「離れていてもいつもあなたのことは考えているし、心配している」と子どもに思わせることは重要なのだ。親から見離されたと思えば、子どもは何をやってもいいやと思うようになったり、逆に親の関心を引くために、悪いことをしたりする。たとえ留学先でも、子どもの保護者は他の誰でもない、親なのだ、ということを忘れてはいけない。

――子どもと一緒に悩んでしまう――

留学して最初の3ヶ月は、子どもにとっても親にとっても、「地獄の日々」である。これは覚悟しておいた方がいい。

「言葉がわからないから、授業がちんぷんかんぷんでついていけない」

「英語ができなくて、友達ができないから、いつもひとりぼっちだ」

「悩みを相談したくても、英語でうまく伝えられない」

「あまりにも忙しくて、疲れて、自習時間に集中できない」

日本にいる時には想像もしていなかった問題や悩みが、次から次へと押し寄せてくるのが、この時期だ。子どもたちは、藁にもすがる気持ちで親に電話をし、自分たちが抱えている問題を涙声で訴える。これが日本だったら、親が翌日、学校を訪ね、担任や担当教師と話をしたり、トラブルの相手である子の親に電話をしたりもできるだろう。しかし、海外の学校の場合、たいていの親は、ただオロオロするだけで、なかなか的確なアドバイスができない。現地の状況が全くわからない親にしてみれば、ひたすら子どもの話を聞くばかりになってしまうのだろう。

しかし、私は、最初はそれでよいと思う。たとえ、子どもが泣き叫んでも、「私が留学向きじゃないのは、親と同じ性格だからだ！」「お母さんは、高校留学したことなんてないから、僕の気持ちは絶対にわからない！」と言われても、そこはぐっと我慢。誰かに思う存分、話を聞いてもらうだけで、子どもたちの悩みの半分は解決されている場合が多いのだから。

英語力がつくまでの学校やホストとの間に起こる誤解は数限りがない。子どもと一緒に親が悩み、落ち込んでしまうのは、最悪のパターンだ。子どもの言っていることを鵜呑みにして、「こんな学校に子どもを入れて、失敗だった」「こんなホームステイ先に滞在しているなんて、かわいそうだ」「やっぱり、うちの子に留学は無理だったのだ」と、決めつけてしまうのは早すぎる。

留学した子どもたちが100人いれば、ほぼ100人全員がなんらかの問題にぶちあたる。親は当然と思いながらも、心配で心配でしょうがない。子どもの顔を見て話ができない。先生に直接、事情を聞くこともできない。また、同じような境遇にいる周りの親たちと相談したり、情報を得ることができない。不安になるのは、よくわかる。

けれども、心配のしすぎは禁物だ。留学先の学校は、何より「子どもの安全」を一番に考えている。だから、すぐ命に関わるような問題でない限り、まずは様子を見ることだ。また、こういう時のために、現地の学校に通っている日本人の生徒を留学前に紹介してもらい、親御さんの連絡先を聞いておけば、相談もできる。ただし、子どもの置かれた環境や性格、また英語力の有無によって状況判断は変わってくるので、必ずしも、当を得た答えが返ってくるとは限らない。

また、現地の状況が全くわからないからアドバイスができない、というのも間違いである。典型的なケースは、ルームメートとのトラブルだ。特に初年度は、自分でルームメートを選択できないので、ルームメートがあまりにも自分と違うライフスタイル（音楽をガンガンかけながら勉強する、お風呂に入らないで臭い！　など）であることから起こる悩みは、かなり高い確率で発生する。たとえば、ルームメートがかなり太っていて体格の良い子だったために、体感温度が違ったのか、外がマイナスになっていても寮の部屋の窓を開けられてしまい、体調を崩した生徒もいる。そんな時、親から子どもにできる最良のアドバイスはこれだ。

「まず、相手に自分が困っていることを直接話しなさい」

問題解決のために、真っ先にしなければならないのは、日本人にありがちな「相手は自分が困っていることを察してくれて、そのうち、やめてくれるだろう」という考えを捨てることである。海外では、口に出して言わない限り、現状に満足しているとみなされる。あまり大きな問題でなければ、直接話をすることで、たいてい解決するものだ。もし、相手と話し合っても改善されない場合は、「寮長に相談しなさい」と言えばいい。寮制学校は、学習面だけでなく、子どもたちが団体生活を通して学ぶべきことを教えてくれる。日本では、生活面での悩みを学校の先生に相談するなんてことは考えられないかもしれないが、寮制学校では、ごく当たり前のことだ。英語力がなくて子どもが自分の悩みをうまく伝えられないと言ってきたら、「紙に書いて渡しなさい」とアドバイスしてほしい。

ホストファミリーとは、習慣の違いや英語力不足で誤解が生じることも多い。

ホストマザーが「うちでは、シャワーは10分って決まっているのよ。だから、10分以上はシャワーを使わないでね」と子どもに言ったとしよう。イギリスやニュージーランドでは、タンクに水を貯め、それを沸かしてお湯を使う家がまだまだ多い。そのような家の場合、バスタブになみなみとお湯を注ぎ、おまけにシャワーを10分も浴びていたら、1回のお風呂の使用で、その家の1日で使用するタンクのお湯は空になってしまう。また、お風呂とトイレが一緒になっている家庭ならば、誰かがお風呂に40分以上も入ったら、その間はトイレが使えなくなってしまう。したがって、この10分のシャワー時間というのは、円滑なホームステイ生活を送るには、極めて大切なわけだ。

だが、これがなかなか理解されない。「シャワー10分」と聞いた子どもたちは、シャワーを出している時間が10分と思い、ゆっくりゆっくりお風呂に入ったら、ホストマザーが頭から湯気を出して怒っていた。自分はちゃんと10分しかシャワーを浴びていないのに、なんで怒られるのだ、と子どもたちは反発する。日本で、お風呂に40分入って怒る親はいないだろうから、前もって事情がわかっていなければ、すれ違いになってしまうのである。

「なんて、ケチなホストファミリーなんだ」

「ちゃんとお金を払っているのに、十分な暮らしをさせてくれないなんて、詐欺だ」

そして、「こんなホストと一緒には暮らしていけない、ホームステイ先を変えてほしい」と訴えるわけだ。

ホームステイ先に小さい子どもがいる場合も、要注意である。子どもたちが自分の部屋に侵入し、日本食を勝手に食べたり、化粧品、アクセサリー、洋服を持ち出して、許可なしに身に付けてしまう事件がよく発生する。海外の子どもたちにとって、キャラクターグッズをはじめとする日本製品はとても魅力的らしい。「ちょっと、このマニキュアを塗ってみようかな？」「へアピン可愛いから、ちょっと借りちゃおう」と、彼らは無断で拝借することに罪悪感がないのか、あるいは、目の前にあるものはすべて自分のもののような錯覚を覚えるのか、まったく悪気がない。学校から帰ってきたら、「あれ？　あのシャープペンがないぞ」「食べようと思っていたスナック菓子がない」と気が付く。一度や二度は我慢しても、何回もやられるとさすがに堪忍袋の緒が切れる。しかし、まだ小さい子どもたちを怒るわけにもいかず、また、ホストマザーにどのように言ったらよいのかもわからず、親のところに電話をかけてくる。

そんなときも、親は子どもと一緒に憤慨してしまってはいけない。「ホストマザーに今起きていることを正直に話しなさい」と言ってあげよう。それでも、我が子をしかりもせず、ほっておくようなホストマザーだったら、即刻ホストチェンジを勧める。

――子どもをホームシックにさせる――

留学生の親に私がお願いすることは、子どもが現地に到着してから1週間は、絶対に電話で連絡を取らないでほしいということだ。学校によっては、最初の1週間の電話を禁止するところもある。冷たいように聞こえるかもしれないが、これは、留学生活を軌道に乗せるためには、どうしても必要なことなのだ。

一番辛くて苦しい時に、親の声や日本で仲の良かった友達の声を聞いて、ホームシックにかからない子どもがどこにいるだろうか。もし、どうしても心配だったら、日本でお世話になっている留学コンサルタントや、子どもと一番仲の良かった友達の親に頼んで子どもに連絡をしてもらい、現地での様子を聞いてもらえばいい。元気な声を一言だけでも聞きたい、という親心はよくわかるが、子どものためを思ったら、そこはぐっと我慢した方がよい。子どもは連絡が取れなければ、あきらめて、けっこう元気にしている。「親はなんの助けにもならない。まず、自分が自立しないとだめだ」と、子どもに思わせることが必要なのだ。

▼留学した子どもについて親が注意すべきこと

・必要以上のおこづかいは与えない。たびたびの無心にはタバコ・ドラッグ・ギャンブルの疑いが。
・ビジネスクラスの飛行機やブランド品の服飾品など、周りから浮く贅沢はさせない。
・ホストファミリーや学校のアドバイザー等と連絡を取り合い、子どもの状況を把握する。
・最初の3ヶ月は子どもも親も試練の時。辛抱強く子どもの悩みを聞き冷静なアドバイスを与える。
・里心がつかないように、最初の1週間は電話するのを我慢する。

第6章　どんな子どもが留学先で嫌われるのか

これから書くことは、実話である。

ニュージーランドにホームステイしていた15歳のS君は、ある日、韓国人の友達の車で海に遊びに行った。その海岸には、夕方になると野生のペンギンが、口にいっぱい子どもペンギンにあげる小魚をくわえて、丘にあがってくるのだ。S君は、その非常に可愛らしいしぐさを見て、「ペンギンを自分のペットにしたい」と思ったらしい。友達と一緒にペンギンを捕まえ、車に乗せ、ホームステイ先まで連れてきてしまった。運が良いことに(?)、ホストファミリーは留守だった。

ホストが帰宅すると、S君は、自慢げに「海で、ペンギンをゲットしましたー」とペンギンを紹介した。しばらくの間、ホストは呆然。なぜ、自分の家で、人間が絶対に触ってはいけない保護鳥であるペンギンが歩いているのか、まったく把握できなかったのである。ホストに怒られて、S君は、自分が大変なことをしでかしてしまったとようやく気づき、すぐにホストに付き添われて、ペンギンを海に返しに行った。（ニュージーランドの法律では、ペンギンを捕獲したら、罰金として3万円程度が科せられる。）

だが、S君のいたずらなどは、まだかわいい方である。日本人留学生の数が増えるにつれ、留学先やホームステイ先で日本人が嫌がられるケースも目立つようになった。ひどい時には、退学になったり、ホームステイ先から追い出されることもある。では、どんな子どもたちが、嫌われるのだろうか？

――ホームステイ先で嫌がられるケース〈ケース1〉自分の部屋に閉じこもり、パソコンやゲーム三昧――

日本の子どもたちのほとんどは個室を持っており、食事以外の自宅で過ごす時間は自分の部屋に閉じこもっているという子も多いだろう。中学生ともなると、子どもの許可がなければ、親は部屋に入ることが許されなかったりするから、子どもが部屋で何をしているのか、よくわかっていないのではないだろうか。

海外の場合、中学校2、3年生くらいまでは、学校での宿題をリビングに持ってきて、親も一緒にその宿題を見てあげることが多い。子ども部屋には、テレビもコンピュータ・ゲームもないので、日本のように、自分の部屋に閉じこもる子どもたちは、非常に珍しい存在と言える。

ところが、日本人留学生たちは、日本での生活習慣をホームステイ先にもそのまま持ち込むことが多く、ホームステイの初日から、食事以外の時間は、すぐに自分の部屋に戻り、持参したDVD付きのパソコンで日本語のDVDを見たり、コンピュータ・ゲームに没頭したりする。こうした行動は、ホストファミリーの目に、かなり異様に映ることを覚えておいてほしい。

「パソコンは、やはり最初から必要ですよね？」「持ってないと勉強に差し障りがありますか？」とよく聞かれるが、パソコンを持たせて留学させるかどうかは、よく検討してほしい。日本からパソコンを持参する子どもたちが増えているが、学校の勉強で本当にパソコンが必要となるのは、だいたい高校1、2年生くらいからで、それまでは、学校のパソコンを使用しても十分間に合うし、インターネットで調べなければならない宿題であれば、図書館のパソコンを利用すればいいだけのことだ。

日本にいても、常にパソコンの前に座って、インターネットやゲームを楽しんでいる子どもには、絶対にパソコンを持たせないことを勧める。こういう子どもがパソコンを持参して、ホームステイをしたら、部屋から出てくることは「まず、ない」と思った方がよい。

自分専用のパソコンがあれば、それは便利だろう。メールのやり取りも時間を気にせずできるし、パソコン電話を使えば、電話代もかなり節約できる。しかし、これではなんのために留学したのだろうか？　パソコンをやらせるために留学させたわけではないはずだ。

会話力アップのためには、とにかく、ひたすら話すことが必要である。部屋に閉じこもり、パソコンの画面とにらめっこしていては、当然ながら、会話力はまったく上がらない。

ニュージーランドに留学した16歳の男の子で、帰宅後は、ずーっと部屋に閉じこもって、テレビゲームをやっている生徒がいた。週末も外出することなく、夜中までテレビゲーム三昧の暮らしをしていた。ホストとの会話はゼロ。当然、英語力はつかないから、ネイティブと友達にはなれない。同じように、パソコンやテレビ漬けの生活を送った生徒で、３年間の留学後に受けたＴＯＥＦＬで３８０点（ＣＢＴで83点、ｉＢＴで30点）しかとれなかった子もいる。（通常、３年も留学すれば、ＴＯＥＦＬは少なくとも５００点(ＣＢＴで１７３点、ｉＢＴで61点)以上にはなるはずなのだ。）

子どもにせがまれて、日本語のＤＶＤやコンピュータ・ゲームを送ろうとするとき、これによって子どもたちの英語力上達が妨げられることを肝に銘じてほしい。どうしてもＤＶＤやゲームを送るのであれば、英語版のＤＶＤや、ホームステイ先の子どもたちと一緒に遊べるゲームにすることだ。お正月用に羽子板や凧《たこ》をホームステイ先に送り、ホストファミリーの子どもたちと一緒に楽しんだ報告を子どもたちから聞けば、親としてどんなに嬉しく思うことだろうか。

―〈ケース2〉 無断外泊を繰り返す―

最初は右も左もわからなかった子どもたちも、留学して半年も経つと周りの状況が見えてきて、だんだん遊びたくなってくる。この頃には、友達もでき始め、週末となると街に繰り出して遊び始めるわけだ。留学先の国の子どもたちと遊んでいる分には、映画を見たり、遊園地に遊びに行ったりと、いたって健康的な遊びが多い。しかし、日本人同士や、同じようにおこづかいをたくさん持っている韓国人、中国人の留学生仲間と一緒になると、チャイナタウンに繰り出すようになる。なぜ、チャイナタウンが問題かといえば、他の繁華街ではめったに行けないクラブやカラオケがあり、そうした場所に、子どもだけでも入れてしまうからだ。クラブやカラオケは、深夜まで営業しているところが多く、親の目を逃れた子どもたちは、深夜まで時間を費やすこともある。日本の大都市のように公共の交通機関が発達していない海外の都市では、自宅に戻るためのバスや電車がなくなってしまい、中には、街中の公園で一夜を過ごす子どもたちも出てくる。

外泊をする場合は、事前にホームステイ先に必ず許可を取らなければならないし、状況によっては、ガーディアンの許可が必要なこともある。子どもたちの外泊先は、友達の家が多い。最初のうちは、ホストが事前に相手の保護者に電話をして確認したりするが、たび重なると、そうしたチェックもなくなってくる。それを知っている子どもたちは、いつも宿泊する友達の名前をあげ、実は、夜の街に繰り出して遊んでいるのだ。

ホストが子どもたちに連絡を取らなければならない事情があり、泊まっているはずの友達の家に電話をかけて、いないことがわかった時には、大変なことになる。まず、ホストが一番に心配することは、子どもたちの身の安全である。「事故にあったのではないか？」「何か事件に巻き込まれてしまって、帰宅できないのではないか？」他人の子どもを預かっているホストファミリーにとって、これは一大事だ。実際、銃やドラッグが合法の国では、夜、子どもがいなくなったら、どんな危険が身にふりかかるか、心配してもしすぎるということはない。子どもたちが立ち寄りそうな場所にすべて連絡しても行方がわからなかった場合、警察に連絡することになり、夜通し、ホストや関係者が必死になって探した末、最後には警察官に路上で保護された子どもたちもいる。

しかし、当の子どもたちときたら、「なんで、そんなに大騒ぎする必要があるの？」「そんな大事件になんてなるわけないじゃん！」である。自分の軽率な行為がどんなに危険なことだったのかを認識できない子どもや、反省しない子どもたちを預かるホストファミリーがいるわけがない。こういう子どもたちは、次々にホストが変わり、最後には、ホームステイ先がなくなって、留学を続けられなくなる。

―〈ケース3〉自分は「お客様」だと勘違い―

ここで確認しておきたい。ホームステイとはいったい何か？　ホームステイをするということは、ただ、寝る場所、食べる場所を提供しているところに滞在するのではなく、滞在先の国の文化や習慣を知る非常に良い機会だと思ってほしい。そして、ホストファミリーは、滞在先でお世話になる「家族」である。家族の一員になった以上、ある程度、家の手伝いをせざるを得ないのは、あたりまえだ。

しかし、子どもたちやその親の中には、ホームステイ代を支払っているのだから、ホストが子どもの世話を見るのは当然のこと、したがって家の手伝いなどしなくていいと思っている人もいる。

考えてみてほしい。1ヶ月のアパート代とほぼ同金額で、3食付き(2食付きの場合もある)というだけでもホストにとっては「持ち出し」なのに、子どもたちの健康管理もしてくれ、はたまた勉強まで見てくれるホストも珍しくない。それなのに、「お金を払っているんだ！」と大きな態度に出るのは、いかがなものだろうか？

ホスト先で、ベビーシッターを頼まれるということがよくある。ホストマザーが料理をしている間に、30分でも子どもの相手をすれば、英語の勉強にもなるし、ホストマザーからも感謝されるしで、一石二鳥だ。子どもとのコミュニケーションを通して、その国の子どもたちの間で流行っている音楽や有名人、ゲームやスラングといった流行もわかる。いつも子どもの世話をしてくれているから、そのお礼にと一緒に旅行に連れて行ってくれるホストもいるが、だいたい「家族」だったら、親が忙しい時に、弟や妹の面倒を見るのは、自然なことではないだろうか。

しかし、日本人留学生たちは、「いつもあてにされては、困る。私はベビーシッターをしに来たんじゃないんだから…」「宿題がたくさんあって、子どもと遊んでいる暇なんてないんです」と、ベビーシッターを非常に嫌がることが多い。だが、勉強で忙しくて時間がなかったり、いつも頼まれるのでは困るという時は、はっきりとホストマザーにそう言えばいい。前にも述べたが、海外では、自分の思っていることを言葉に出してはっきり言わない限り、「それで満足している」「不満はない」と思われるからだ。自分の意見を言わずに、あいまいに逃げ回るのが、一番、相手に不信感を抱かせる。

しかし、「勉強したいから、子どもの面倒は見られない」と言っておいて、自分の部屋で寝ていたり、友達と長電話をしていたら、ホストも気を悪くする。ホストファミリーは、血の繫がった家族ではないのだから、それなりのマナーは必要だということを忘れてはいけない。

――〈ケース4〉ホスト宅で髪を染める――

留学すると髪の毛を染める子どもたちが多い。日本では、校則で髪の毛を染めるのを禁止している学校が多いため、留学するとすぐに髪の毛を染めるわけだ。留学先によっては、日本と同じように髪の毛を染めることを禁止している学校もあるが、たいていの学校は、自由である。

美容院に行けばお金がかかるから、自分の家で染めようと、ドラッグストアに行って、カラーリング剤を買い、自分で髪を染める子もいる。1つしかないバスルームを長時間にわたって占拠できないことはわかっているので、ホストの許可なしに自分の部屋で染めようとするのだが、これが問題を引き起こす。パッケージの説明にある髪の染め方は、英語で書いてあるのでちんぷんかんぷん。そこで、勘に頼って適当にカラーリング剤をかき混ぜ始めるわけである。まず自分の黒髪を脱色するのだが、その時点で、溶液が飛び散り、壁紙と絨毯に染みが広がってしまう（ホスト宅の壁紙はたいてい白、そして絨毯もベージュなど淡い色だったりする）。「しまった」とは思うものの、後には引けないので、髪の毛を金髪に染めるまで突っ走るのだ。それから、黒く染みのついた箇所を修正しようとしても、あとの祭り。もうしっかりと染みになってしまって、見るも無残な状態になっている。

正直にホストに謝る子どもはまだよい。中には、知らん顔を通し、ホストマザーが部屋の掃除をしに来たときに、汚れた壁紙や絨毯を見て仰天し、ガーディアンに怒鳴り込んできたというケースもある。

自分がやった不始末は、自分で責任を取ること。汚した壁紙や絨毯を弁償するのはもちろんだが(これらの費用に8万円要求され、支払いを余儀なくされた子もいる)、ホストに謝罪することが一番必要である。

たかが髪の毛を染めるぐらいで、高額な弁償金を払ったり、ホストとの関係が気まずくなるのも、つまらない話だ。髪の毛を染めたかったら、美容院に行くこと。美容院に行くお金を出すことを親が許可しなかったら、おこづかいを貯めて行くか、染めることをあきらめるか、どちらかにすることだ。

——留学先を退学になるケース——

私が留学コンサルタントになって18年が経つが、様々なケースで退学になった子どもたちを見てきた。残念としか言いようがないが、退学という事態に陥るには理由がある。どんなことをすると退学になってしまうのか？　それをこれから書いていこう。

―〈ケース1〉ドラッグ、タバコ、お酒―

留学先の国によって、タバコやお酒の解禁年齢は違う。例えば、アメリカでは、タバコは18歳から、お酒は21歳から。ニュージーランドでは、タバコもお酒も18歳からＯＫだ。ドラッグは、もちろん、どの国でも非合法とされている。

この3つは、自分で吸ったり飲んだりしていなくても、所持しているだけで、退学になる場合が多い。特に、ドラッグ、お酒に関しては、一発で即刻退学としている学校が多い。

学校は、ドラッグテストを不定期に行う権利を持っており、疑いがもたれた生徒は、尿検査によるドラッグテストを受けさせられる。ただし、ドラッグをやっていなければ、このテストでそれが証明され、処分を免れることができる。

海外に留学したら、ほぼ１００％に近く、ドラッグを何らかの形で目にすることがあると覚悟してほしい。友達からドラッグを預かってほしいと頼まれ、自分の引き出しに隠していたところを先生に見つかった子もいる。そういう場合でも、実際に使用していたのと同じ処分が科せられるので、十分な注意が必要だ。子どもたちには、ドラッグを誘われたら、はっきりと断る勇気が必要だと、いつも肝に銘じさせておかなければならない。

この間も、アメリカに留学して1週間も経たないうちに、友人からマリファナを勧められた

17歳の男子生徒がいた。彼は、幸いにもその誘いを断った。誘ってきた友人は、先生に見つかり、即刻、退学処分である。もし、彼が興味本位で使用していたら、留学して1週間で日本へ帰国という結果になっていただろう。

お酒の場合は、寮の部屋にビール缶や酒瓶がころがっていて先生に見つかるケースが多い。私の担当した子で、高校卒業を1週間後に控えた生徒が、寮内で酒盛りをし、退学になったケースがある。卒業前になると、浮かれた気分になり、普段ではやらないことに手を出してしまったりするものだ。3年間、必死に勉強して、あとは卒業式を待つばかり。親も卒業式に出席する準備を整えていたのに、それを目前にしての退学である。泣いても泣ききれない。

また、寮の部屋にお酒を飲んだ形跡がなくても、飲んでいる写真を先生に見つかって退学になった子もいる。パソコンが故障したので、パソコン管理担当者にチェックしてもらったところ、彼のパソコンにファイルされているお酒を飲んでいる写真が見つかったからだ。同じように、現場で発覚しなくても、タバコやドラッグを吸っている写真が見つかったら、やはり罰則を受けることを覚えておいてほしい。

アメリカの寮制学校の方針として、退学者は即刻学校から離脱することになっており、留学生で退学後の滞在先がアメリカ国内にない場合は、日本に帰国しなければならない。しばらくホテルなどに滞在してはいけないのか、と思うだろうが、未成年をホテルに1人で滞在させることは学校がさせないし、またホテル側も宿泊を許可しないことが多い。今日、予約して明日出発のチケットがどんなに高いものになるのか、想像できるだろう。

卒業目前に退学になった生徒がどうなったかというと、別の学校に転校し、卒業までさらにもう1年かかった。しかも、転校先の学校は、最初の学校よりレベルの低いところであることは言うまでもない。一時の浮かれ気分で、履歴書に書く「〇〇卒」の内容まで違ってしまったのだ。

タバコに関しては、学校により、退学になるまでの回数が違う。たいていは、タバコ1回で警告、2回で停学、3回で退学処分となる。タバコで一番気をつけなければいけないのは、寮内で吸うことだ。これは、火事になる危険性が高いので絶対にしてはいけない。学校によっては、寮内で喫煙をした場合は、1回で退学にさせるところもある。

火事と言えば、部屋の中で料理をするなんて論外で、コーヒーサーバーさえ置くことも許されない。寮には、必ずみんなが集まるラウンジがあり、そこにガスレンジがあって、調理ができたり、電子レンジや冷蔵庫が置いてある。自分の部屋に食物を保管することすら禁止している学校もあるから、注意が必要だ。

「そんなこと」と思われるかもしれないが、海外の学校で一番罪が重いとされるのは、嘘をつくことだ。

たとえば、禁止されているお酒やドラッグ、タバコを使用し、現行犯ではなく、その形跡が残っているところを発見されたとしよう。先生からの尋問に素直に自分が使用したことを認めれば、罪はその分だけになるが、もし、否定して、あとでそれが嘘だとわかった場合の罪は、2倍以上となる。

アメリカのボーディング・スクールで、ドラッグ使用の疑いをもたれたH君は、先生からの尋問に素直に使用を認めたため、1週間の停学処分ですんだ。実は、H君は、友達数人とドラッグをやっていたが、友達は皆、使用を否認したために尿検査を受け、結果がポジティブと出てしまった。そして否定した友人たちは、ドラッグ使用と虚偽の発言で2倍の罰則を受けることになり、即刻退学となってしまった。

また、規則を破った人間と同様、それを知っていて注意しなければ、同等の罪が科せられるということもわかっていなければならない。自分の部屋でルームメートがマリファナを吸っていたら、ひとこと「やめた方がいい」と言わなければ、自分も本人と同等の罰則を受けることを覚えていてほしい（酒やタバコ、その他の規則違反についても、同様である）。

——〈ケース3〉カンニング、盗作——

試験中に隣の人の答案を見ることだけがカンニングだと思っている人が多いが、それ以外にもある。たとえば、ヘミングウェイの『老人と海』を読んだあとに、それについての感想文を書かせることが宿題だったとしよう。他にも宿題がたくさんあって、時間が足りなくなったA君は、自分の友達のB君に感想文の一部を見せてもらって、それをコピーして提出した。これは、宿題をやらないで提出した場合より、罪は数倍重い。また、コピーさせてもらったA君はもちろんのこと、コピーをさせてあげたB君もA君同様の罰則を科せられる。

また、インターネット上で発表されている文章を無断でコピーし、それをあたかも自分の文章のようにして提出した場合も、盗作とみなされ、罪となる。厳しく聞こえるかもしれないが、4ワード以上のフレーズのコピーは、盗作とみなす学校が多いので注意が必要だ。

実際、インターネットでは、レポートのネタとしてダウンロードできるエッセイが、ほとんど無料で大量に出回っており、単語や文章を少しアレンジして提出すれば大丈夫と思う生徒もいるが、先生の方もそうしたフリーのエッセイをちゃんとチェックしており、すべてのフレーズが同じでなくても、内容が酷似しており、フレーズの4ワード以上が一致している場合はコピーと見なされてしまう。

――〈ケース4〉就寝時間を守れない――

就寝時間とは、すべての照明を消して、寝る時間である。寮制学校は、この就寝時間を厳しく設定している学校が多い。特に、9年生(日本の中学校3年生)、10年生(日本の高校1年生)の就寝時間は、夜10時30分に設定している学校が多いため、日本で夜更かしに慣れていた子どもたちは、その時間にベッドに入っても寝られない。また、留学当初は、自習時間内（通常、寮制学校の場合は、夜2時間の自習時間がある）に宿題が終わらない場合が多く、就寝時間を延長して宿題を終わらせたい子どももたちもいる。

寮長に許可をもらえば、就寝時間を延長できるところもあるが、絶対に許可を出さない学校もある。また、ルームメートから、「電気がついていたら、寝られないから、真っ暗にしてほしい」と言われたら、許可が出ていても勉強はできない。そういう場合は、朝、日の出とともに起きて、やるしかない。中には、朝の5時に起きて、朝食までの2時間を勉強にあてている子もいる。

だが、勉強時間が足りないという理由で、就寝時間を守れないならまだしも、夜中までこっそりとDVDを見ていたり、携帯電話で日本の友達と長話をしているのは、考慮の余地がない。毎日夜中の2時、3時まで起きている子どもたちが、朝8時からの授業で起きていられるわけがないからだ。結局、遅刻をしたり、寝坊して1時間目を無断欠席したり、授業には出ていても、そのほとんどを居眠りしているといった状態になってしまう。その結果、成績は上がらず、先生からの評価も低く、警告→停学→退学と進むことになる。

スイスにあるインターナショナル・スクールの中には、就寝時間を子どもたちに守らせるために、規則違反1回につき、130スイスフラン（約1万円）の罰金を科す学校もあるくらいで、就寝時間を守るということは、留学生活において、それほど重要なのだ。

――〈ケース5〉無断欠席が多く、全く勉強しない――

「今日は、なんかかったるいから、欠席しちゃおう」「今日は眠たいから、1時間目の授業は、さぼっちゃおう」「この先生の授業は嫌いだから出たくない」等々、なんらかの理由をつけて授業をさぼることを考える子がいる。学校に行かない、または行きたくない理由は子どもによって様々だが、だいたい、次の3つにしぼられるだろう。

① 英語力が足りなくて、授業がさっぱりわからず、勉強が面白くない
② 友達ができないから、学校が面白くない
③ 日本でのさぼりぐせをそのままひきずってきてしまっている

授業をさぼればさぼるほど、授業内容がわからなくなる。授業がわからなければ、学校も楽しくない。勉強をしないから英語力もつかない。したがって、友達もできない。友達ができなければ、学校に行ってもつまらない。だから学校に行かなくなる。そして、こんな悪循環を断ち切るのは、「退学」という最悪の事態だったりする。

学校側にしてみれば、高いお金をかけて、日本から遠路はるばる離れた国にわざわざ勉強をしに来ているのだから、授業に出るのは当然だし、やる気のない生徒は、学校に来てほしくないと思うだろう。ホストファミリーも、「年間100万以上のお金をかけて留学させてもらっているのに、なんで学校に行かないで、部屋で寝ていられるのか」「授業をさぼって街に遊びに行ってしまうことに、後ろめたさはないのか」と、理解に苦しむ。

留学先の先生は、英語力のない生徒に、無理難題は押し付けないものだ。しかし、留学生だけ特別扱いはできないから、現地の生徒と同じ量の宿題は出す。英語力に差があるのだから、現地の生徒と同じようにやっていたら、当然、宿題も終わらないし、授業にもついていけない

だろう。だから授業が完全にわからなくなる前に、先生にヘルプを求めることが一番大切だ。「私は、全く英語ができません。だから助けてください。お願いです」と最初から白旗をあげてしまえば、こんなに楽なことはない。英語力はなくてもやる気のある生徒には、必ず救いの手が差し伸べられる。特に寮制学校では、放課後にエキストラヘルプと言って、15~20分ほど、各教科の先生とアポイントを取って、個人レッスンを無料で受けることができたりするのだから、活用しない手はない。

ただし、白旗をあげてばかりで、やる気を見せなければだめなのは言うまでもない。とにかく、最初が肝心。努力なくして、英語での勉強を理解できるようになるはずがないのだ。今の子どもたちは、「努力」という2文字をかっこ悪い言葉と誤解していたりするが、世の中で成功している人々は、みんな陰で努力をしている。努力の仕方は、人によって様々。「コツコツ型」もいれば「要領が良く、調子良い型」もある。どんな型でもいい。自分にあった努力をしなければ、留学生活を切り開くことはできない。

―〈ケース6〉自殺未遂―

自殺未遂をするのは、圧倒的に女の子が多い。その理由は、様々であるが、精神的にバランスを崩して、自分で自分を制しきれずに、発作的に行動を起こしてしまうケースがほとんどだ。その方法は、「手首を切る」か「薬を大量に服用する」かのどちらかである。

自殺を図るまで思いつめる前に、カウンセリングを受けてほしい。海外の学校では、心理カウンセリングが必要だと思われる生徒を、学校または地域のカウンセラーの元へ定期的に通わせることが多い。特に寮制学校の場合は、必ず学校側からカウンセリングを受けるよう勧められる。日本の親には、自分の子どもが心療内科のカウンセリングを受けることに強い抵抗感を持つ人もいるが、この考え方は間違っている。友達や親、または自分の信頼している、尊敬している人に相談することによって、悩みや問題点を解決できる子も多いのだが、それができない子どももいるのだ。

海外では、カウンセリングは、風邪を引いてクリニックで治療を受けるのと同じレベルでとらえられており、自分の精神状態が不安定でどうしようもなくなったら、カウンセリングを受ければよい、と思っている人が多い。症状が軽い場合は、たった一回、専門家に話を聞いてもらうだけで良くなる場合もある。

ただし、地域によっては、英語だけのカウンセリングになったりするので、どの程度、的確にカウンセラーに話ができるか、またカウンセラーに理解してもらえるのかという問題はあるだろう。その場合は、一旦帰国し、日本で日本語によるカウンセリングを受けることを勧める。

日本で一定期間カウンセリングを受け、カウンセラーから留学しても大丈夫だという手紙を書いてもらえば、また元の学校に戻ることができるからだ。帰国している間の勉強は、学校により、定期的に先生から課題がファックスされてきて、それらの課題を日本で完成させ、現地の学校に送り返せば、単位として認められ、その学年を修了させてもらえるケースもある。

自殺未遂をすると、多くの学校は、翌日、子どもたちを精神病院に入院させ、精神状態が落ち着いたと診断が出るまで退院はできない。もし学校に戻れるような状態にならなければ、帰国させられ、自主退学となってしまう可能性が高い。

このような残念な状態になる前に、子どもたちは、親に必ず「ヘルプ信号」を送っているはずだ。「普段は、全く電話をかけてこないのに、用もないのに、電話をかけてくるようになった」「今まで全く連絡を取っていない友人や知人に突然、電話をかけてきた」等、ヘルプ信号にはいくつかある。この「ヘルプ信号」を、けっして見逃してはいけない。

「ヘルプ信号」をどう受け止めるかは、親子の絆の強さが試される正念場だ。子どもの「ヘルプ信号」を強く感じる時には、何をさておいても現地に飛んでほしい。どんな子どもでも、「親は絶対に自分を見捨てない」「何かあった時に、最後に助けてくれるのはやっぱり親なんだ」と思っているはずだ。いや、「ヘルプ信号」を出すことによって、親を試しているのかもしれない。

また、本当に自殺する気はなくとも、「友達と喧嘩した」「失恋した」等で落ち込んでいる時に、「あ〜、死にたい」「もう生きるのがいやになった」等の言葉を発し、それをもし教員が耳にしたら、すぐに精神病院に連れて行かれると思った方がよい。寮制学校は、生死に関わることには非常に敏感であるため、子どもたちのこのような言動をキャッチすると、その子を1人にさせないために、監視を必要とする病院に連れて行く。日本では、容易にこのような言葉を発する子もいるが、海外の学校に行ったら、簡単に言わないように気をつけなければならない。

中・高校生は、思春期という難しい年頃でもあり、日本にいたとしても、トラブルは必ず起きるといってもよいだろう。留学先でも、少し慣れてくると、「皆がやっているから」「今まで見つからなかったら、今度も大丈夫」という安易な気持ちから規則を破るケースが多い。だが、周囲の状況にほんの少し注意を払い、自分の行動が引き起こす結果について、ちょっとでも立ち止まって考えることができれば、大半のトラブルは深刻な事態に陥らずにすむはずだ。

たとえ退学になっても、留学は子どもの成長には必ずプラスになると私は信じているが、かといって、せっかく留学したのだから、退学になったり、ホームステイ先を追い出されたりしない方がいいに決まっている。留学生活が後味の悪いものにならないよう、本章に挙げた例を教訓にしていただければ幸いである。

▼留学先のトラブルを避けるために気をつけること

ホームステイ先では――

・なるべくパソコンやゲームは持っていかず、自室にこもるのは避ける。

・夜遊びや無断外泊ほどホストファミリーを心配させることはない。軽率な行為は慎む。

・費用を払っているからと言ってお客様然と構えず、手伝いをする。忙しければ口に出して断る。

・自室で髪を染めようとしないこと。多額の賠償金や家族との関係悪化の原因になりかねない。

学校・寮では――

・ドラッグ、飲酒、タバコは即退学の危険大。一時のノリで取り返しのつかない結果を招くことも。

・違反したのに嘘をつくと罰は2倍以上。違反者を見て見ぬふりも同罪、ちゃんと注意する。

・4ワード以上のコピーは盗作と見なされる。宿題のコピーはする方もされる方も罰を受ける。

・寮の就寝時間違反が退学の原因となることもある。

・授業をさぼる↓授業がわからない、英語力がつかない↓友達ができず学校がつまらない↓授業をさぼる、という悪循環に陥らないために、先生にヘルプを求めて努力も怠らない。

・心療内科のカウンセリングを受けることを気軽に考える。親は子どもからのヘルプ信号に注意して。

コラム⑥
日本人留学生が被害に遭いやすい窃盗

▼学校内での盗難に要注意

窃盗は、罰則の中でもかなり重い罰となり、一発で退学になる場合が多い。幸い、日本人留学生が、盗みを働くケースは少ないが、逆に被害者になる例が後を絶たない。ここでは、注意事項として、学校の中の窃盗事件について、触れておこう。

寮制学校に3年間も留学していれば、一度は誰でも物を盗まれる。アイポッド、デジタルカメラ、パソコン等の電子機器から、Tシャツ、Gパン、ブランドもののバッグや時計。日本から送ってもらったカップラーメンやお菓子さえも盗まれる。

学校は、持ち物には全て名前を記入しておくように生徒たちに指導しているが、名前を記入していても盗まれてしまう場合もある。

▼多額の現金を置いておかない

盗難事件が発生すると、先生は生徒の部屋を点検し、盗難物がないかどうかチェックする。しかし、まずほとんど出てこないと思った方がよい。犯人は、外部からの侵入者かもしれないし、同じ学校の生徒だったとしても、盗品を売り飛ばして、お金を得る場合が多いので、盗まれた時点ですでにキャンパス内には残っていない。特に現金が盗難に遭った場合、100%戻って来ない。学校は、現金の盗難を防ぐために生徒には多額の現金を保持しないことを、口が酸っぱくなるほどうるさく言うが、それでも中には、かなりの現金を持っている子もいる。(アメリカでは、50ドル以上の現金を持っている子はまずいない。)

私が担当したケースで、以前、自分の部屋においてある現金が頻繁に盗まれるので、先生と相談して、お札に印をつけておいた。盗まれたお札が学校の購買部で使用されたのにはびっくり。もちろん犯人は、言い逃れできず、退学処分となった。

▼電話線も盗まれる!?

盗難は、物だけとは限らない。寮制学校では、自分の部屋に専用の電話線が来ている場合がある。入寮時に電話会社と契約を交わし、暗証番号を入れてダイアルすれば、電話をかけるたびにお金がかからず、後から電話会社から請求が来てクレジットカードから引き落とすことができる。

アメリカのサマースクールに留学していたRちゃんは、自分の暗証番号を盗まれていることに気が付かなかったため、電話会社から来た請求書の金額を見て、びっくり。なんと、1ヶ月で$500も使っているのだ。電話の明細書を見ると自分が知らない番号ばかりで、その時初めて、自分の暗証番号が盗まれていることに気が付いた。ルームメートが彼女が電話をするときに押す暗証番号を覚えていて、それを勝手に使っていたためにこのようなことになってしまった。サマースクールはすでに終了しており、ルームメートとは連絡ができない状態になってしまっていたので、電話代を取り立てることができず、結局泣き寝入りすることになってしまった。

▼十分な自衛策をとる

経済的な豊かさに慣れている日本人留学生は、どうしても、窃盗について無防備になりがちだ。誰でも疑うという態度はよくないが、十分な自衛策はとるべきだろう。

クローゼットが鍵のかかるタイプであれば、南京錠やダイアル錠で鍵をかけ、その中に貴重品をいつも入れておくことだ。また、部屋にスーツケースを置けるなら、スーツケースに鍵をかけて、その中にしまっておくのもいいだろう。ただし、最善の注意を尽くしても盗難に遭うことが避けられない時もある。失って困るものや、1つしかない思い出の品物は留学先に持っていかないようにしてほしい。

第7章　ただ今、「親子留学」が急増中

これまでは主に中学・高校生の留学について述べてきたが、本章からは、最近急増している親子留学、そしてそれに伴う小学生以下の低年齢児留学について触れてみたいと思う。

――親の留学に子どもを巻き込まないで――

ここ数年の間、問い合わせが急激に増えたのが、「親子留学」だ。子どもがまだ1歳にもならないうちに、「幼稚園や小学生になったら一緒に海外で生活をしたいので、どのような留学ができるのか、今から相談しておきたい」と問い合わせてくる母親がいる。これが1人や2人ではないのだから驚く。

親子留学の多くは、母親と子どもという組合せが多く、父親と子どもの組合せはまずないと

言ってよい（時々、祖母と孫という例はあるが）。子どもの年齢はまちまちだが、幼稚園児や小学生が多く、期間も1ヶ月〜1年以上と様々である。子どもは、現地の幼稚園や小学校に通い、親は英語学校に通うケースが多い。現地での滞在先は、短期の場合は、ホームステイや短期型のコンドミニアムを借りて住み、レンタカーで子どもの送迎をすることが多いが、長期になると長期契約のコンドミニアムを借り、車も自家用車を購入することになる。

実際に親子留学するとなると、父親が残る日本と母子が住む海外の2世帯となり、出費も倍かかる。だが、ニュージーランドやオーストラリアに親子で生活する費用は、アメリカやヨーロッパのボーディング・スクールに子ども1人留学させる費用（500万〜800万円／年）とほぼ同じくらいだ。それなら親子留学したい、と考える人が増えている。

もうひとつ、親子留学が増えている理由としては、子どもを低年齢から留学させたいという親の希望がある。世の中のグローバル化が進めば進むほど、英語を必要とされることが多くなり、多くの親が子どもに幼少期から英語教育を受けさせたいと思うようになっている。そこかしこに幼児のための英語教室がオープンし、どこも盛況のようだ。「幼少期から自然に外国人と接触する機会を与えたい」「楽しく英語を勉強させたい」「小さいときから英語に触れさせ、英語に対する恐怖心を取り除きたい」と願う親は、子どもが幼稚園児や小学生になると、海外でそのような環境を与えられないかと考えるようになるのだろう。

一方、子どもに英語力をつけさせたいと願う親心は嘘ではないだろうが、実は、親子留学を望む母親の多くは、自分自身が留学したいと思っている場合がほとんどである。特に結婚前に留学の機会がなかった母親は、子どもを理由にして、自分のしたかった「留学」を実現しようとするわけだ。

だが、間違えてはならないのは、「親子」が一緒に留学するのではなく、主役は子どもだという点である。子どもにより良い教育の場を提供するために、あくまでも親の役割は子どものサポートとして付き添って行くことに求められる。つまり、親子留学においては、

① 現地での生活は、全て子どもを中心に考えなければならないこと

② 自分のやりたいことは二の次にしなければならないこと

の2点を忘れてはならないのだ。

親子留学は、単身で行く留学とは全く違うということを肝に銘じてほしい。たとえば、留学先を選ぶ時、自分がそこに行きたいからではなく、子どもに合っているかどうかがポイントになる。学校選びや留学期間についても、基準は親ではなく、子どもに合わせるのが鉄則だ。我が子の性格や、育ってきた日本での環境を考えて、子どもにとって何がベストの選択か、よく考えてほしい。

私がお世話した親子留学でも、「もっと、子どもに気を配っていたら」と悔やまれるケースがある。母親であるEさんが、幼稚園と小学4年生の子ども2人を連れて、オーストラリアへ留学したのだが、上の子（仮に、Aくんとしておこう）は、実は、オーストラリアに行くことを大変嫌がっていたのだという。Aくん自身はもちろん、Eさんも、そのことを全く私には知らせてくれなかった。

Aくんは、日本でも人見知りをする性格で、日本ではインターナショナル・スクールに通っているのにもかかわらず、英語力もあまりなく、友達も少ない、おとなしい子どもだった。オフィスにカウンセリングに来ているときも、彼はいつも下を向いていて、私が話し掛けても本人の返事はなく、いつも母親が彼に代わって答えていた。

反対に、母親のEさんは、明るく、おしゃべりで、これから英語を身に付けて何らかの仕事を得たいとはりきっていた。この母子の留学の目的は、表向きは、「日本人が多いインターナショナル・スクールではなかなか英語力がつかないため、留学で、子どもに国際性を身に付けさせたい」ということだったが、実際のところは、自分の語学力を高めたいという、Eさんの気持ちの方が強かったようだ。

それは、現地での子どもの学校の送迎をどうするか、という点で、彼女の選択がずれてしまったことからもうかがえる。子どもの送迎は、たしかに、親の負担は大変だが、送り迎えの時、先生に直接子どもの様子を聞けるなどのメリットがあり、特にAくんのように、少し心配なところがある子の場合、子どもをサポートするのに大きな力となる。

だが、Eさんは、下の子だけ幼稚園まで送り迎えをし、Aくんはスクールバスで通わせることにした。もし、2人とも送迎をするならば、Eさんは別々の場所に毎日2度往復しなければならない。Eさんは、自分も英語学校に通う時間が欲しかったのである。その結果、Aくんが学校で友達ができず孤立することが多い状態であったことを、先生と会う機会がないEさんは知らないまま過ごすことになった。

2週間くらいで、Aくんが登校拒否をし始めた。慣れない環境にとまどい、知らない人ばかりの中で、Aくんは情緒不安定になってしまったのだ。しかし、Eさんは、英語学校を休みたくなかったので、Aくんを無理やり学校に行かせたのである。当然、Aくんは学校に行っても、授業を受けられる精神状態ではなく、最終的には、学校から「カウンセリングを受けるように」と言われるまでになってしまい、結局、1年間の予定で留学するつもりだったのに、1ヶ月で帰国することになってしまった。Eさんのお世話の依頼は、渡航までだったので、私はEさん親子がこのような状態であったことを全く知らず、Eさんが帰国されてからこの残念な報告を受けた。一度でもよいから、こちらに連絡をくれていたら…と残念でならない。

子どもは適応力があるから、海外でもすぐに環境に慣れるだろう、と思いがちだが、言葉も文化も違う生活は、Ａくんのように、大人よりも数倍大変ということもある。

学校に行く時間になるとお腹が痛くなる、友達の話が全く出ない等、子どもの様子がちょっとおかしいと思ったら、自分のことはさておいて、子どものことを一番に考えて行動を起こさないと、このような結果になりがちだ。少なくとも、このケースは、下の子どもが小学校になってから留学すれば、送迎も一ヶ所ですみ、その結果、先生とも、もっとコミュニケーションをとることができて、より良い結果を見出せたかもしれない。

「子ども優先」という鉄則の他に、親子留学で成功する秘訣は、最初から長期で考えるのではなく、子どもの休みの期間を利用して、2〜4週間ほどの短期留学をまずしてみること。1年以上の長期留学を目標としているのであればなおさら、できれば、いくつかの国で体験留学をし、それからどこが自分達の求めている留学環境に近いかを検討して、長期留学する場所を決定すれば、より失敗が少なくなる。また、長期留学の場合、「もし、子どもが現地の環境に順応しなかった場合、戻ってくる日本での滞在先や学校の受入れ先はあるのか？」ということも考えておく必要があるだろう。

――父親抜きの長期留学は離婚の危機!?――

前項でも述べたが、親子留学は、圧倒的に母親と子どもという組合わせが多い。シングルマザーやすでに離婚している母親もいるが、多いのは、父親は日本で働いて、母親と子どものみが海外に留学するケースだ。

父親が、留学を考えている国に頻繁に出張したりする場合を除いて、父親が現地に行く機会は、長期留学の場合でも、たいてい年に1回程度、短期であれば、一度も現地を訪れないまま帰国してしまうことがほとんどである。

数ヶ月の留学ならまだしも、1年以上の留学で、父親と子どもがその間、全く顔を合わすことがないというのは、子どもが幼少期の場合、決して良い子育て環境とは言えないだろう。新しい環境に移った母子には、新しい出会いが生まれ、父親との関係が疎遠になることも珍しくない。そのうち夫婦関係も悪くなり、離婚の危機!ということになりかねないのだ。

以前に私がお世話をさせていただいた母子は、ニュージーランドに半年の予定で親子留学をする予定だったが、現地でボーイフレンドができてしまった母親は、留学期間を1年以上延長し、最終的には離婚してしまった。しかし、結局このボーイフレンドともうまくいかず、子どもと共に日本に戻らざるを得なくなってしまった。日本に帰国してからのことはわからないが、この話を聞いて一番の被害者は子どもだということは誰もが認めざるを得ないだろう。

しかし、中には、母子で幸せになった家族もいる。これは、離婚などによって、すでに「父親抜き」になっている親子の場合が多い。日本ですでに離婚していたAさんは、小学校3年生と5年生の子ども2人を連れて、オーストラリアに留学、数週間ホームステイしてからアパートに移る予定だったが、滞在していたホームステイ先の家族とうまが合い、結局そのホスト宅から子ども達も学校に通うことになった。ホームステイ先にちょくちょく遊びに来ていたホストファーザーの友達と母親が仲良くなり、留学後半年で結婚、今では幸せな家庭を築いているという。

―英語ができない親は子どもに取り残される―

親子留学で注意すべき点はまだある。

子どもは幼少期に留学するので英語力がないのは当然だが、親の方も英語がほとんどできない場合が多い。親のもくろみとしては、子どもが英語力をつけると同時に、自分も英語をマスターして、将来、何かに役立たせたいということなのだろうが、ここに大きな誤算が生じる可能性がある。

英語を学ぶスピードは、親よりも、子どもの方が圧倒的に早いのだ。子どもは小さければ小さいほど、現地の環境にすぐ慣れてしまうし、早い子では、数ヶ月も経てば、ほとんど支障なく現地の子ども達と遊べるようになる。しかし、親の方はそうはいかない。

記憶力が衰えてきた年齢であるのに加え、恥ずかしさが先に立ち、なかなか英語を思い切って話すことができないからだ。話さなければ、もちろん英語が上達するわけがなく、日常的に英語の世界にさらされている子どもとの差は開いていく一方になる。また、海外の多くの地域は、日本の都市のように公共の交通網が発達していないので、どうしても自分の車で子どもの送迎が必要だ。年齢が小さい場合は、朝の見送りに加えて、昼過ぎには子どもをピックアップしなければならず、親が英語学校に行っている時間がない場合も珍しくはない。

では、どうすればよいのだろうか。どんどん英語ができるようになっていく子どもを、ただ指をくわえて見ているのは最悪だ。また、むやみに焦ったり、劣等感にさいなまれる必要もない。そんなヒマがあるのなら、「親」という立場をフルに活用して、子どもに追いつくことを考えよう。

学校の送迎など、子どもの世話や雑事に追われて、英語学校に行く時間が持てない、だから、英語の勉強ができない、と悩む親は多い。だが、ものは考えようだ。英語学校に通えば、文法、読解、筆記、会話等、基本から教えてくれるが、実際の生活に必要な英語は、なかなか学べない。英語学校で勉強する英語は、大学に進学するためやビジネスで使うためのものが多く、子どもが学校に通っている親として必要な英語を教えてくれるところはないからだ。むしろ、子どもが通う学校にこそ、生活に即した英語が学べるチャンスがたくさん広がっていると考えてほしい。

たとえば、生の英語に触れ、ネイティブと対等に話せる英会話力を身に付けたいと思うのであれば、子どもの通う学校の行事に積極的に参加しない手はない。まず、海外の学校では、学校関係者だけでなく、PTAに参加している親も含めて、ボランティアで学校行事のサポートをしてくれる親は大歓迎だ。英語力がある、なしは全く関係ない。英語ができない人にとっては、「話せなくても、歓迎される」という、居心地の良さも大切だ。自分が受け入れられているという温かい雰囲気の中では、リラックスしやすいし、緊張してなかなか話せなかった英語も、少しずつ出てくるようになる。

もちろん、英語力がないために最初はあまり役に立つことはできないかもしれないが、何でも嫌がらずに参加し、とにかく彼らといる時間を長く持つようにすることが大事だ。皆、子どもを持っている親なので、会話の内容は子どもに関わることも多く、話の詳細まではわからなくとも、なんとなく想像がついたりする。またそのような会話を普段から聞いていると、「学校の中で今どのような活動が行われているのか？」「問題になっていることは何なのか？」「どの先生が評判が良くて、どの先生が評判が良くないのか？」等々　普通、なかなか得られない情報も耳に入ってきて役に立つこともある。

最初は子どもをきっかけに知り合った親でも、仲良くなるにつれて同じ趣味を持っていることがわかり、一緒にゴルフに出かけたり、旅行に出かけるようになったりして、親友とも呼べる、頼りがいのあるつきあいができるようにもなる。また、親仲間が学校以外の地域のボランティアにも連れて行ってくれるなど、そこで友達の輪が広がる。日本で、お茶、お花、書道等の免状を持っている人であれば、それらを教えることをきっかけに交友関係が広がっていくことにもなる。

子どもの送迎と買い物以外は外出せず、日本から持ってきたＤＶＤやビデオを見て過ごすばかりでは、いったい何のために留学したのかわからない。本人も、単調でつまらない生活に不満が募り、日本に帰りたい気持ちが強まるだろう。逆に子どもの方は、どんどん現地の友達ができれば、毎日楽しく過ごせるようになるし、英語力もぐんぐん伸びて、結局、母親だけが取り残されてしまう…こういうケースは意外と多い。親子留学を考えている人は、くれぐれも注意してほしい。

――子どもの自立を妨げる親の過干渉――

親子で留学していれば、子どもの状況が手に取るようにわかり、親にとっては安心であろう。しかし、一方では、子どもの生活に過干渉になりすぎ、子どもの自立を妨げる場合もある。

たとえば、12歳の子どもとニュージーランドに親子留学したMさん。アパートに住むより、ホームステイの方が現地での生活習慣がわかるから、と希望したもともとの考え方は正しかったのだが、その後がいけなかった。

一般の家なので、当然キッチンは1つである。現地の生活習慣を学びたいと言っておきながら、Mさんは、ホームステイ先の食事がかなり不満だった。ニュージーランドでは、当然、白いご飯など出るわけもなく、毎日、パスタ、フライドチキン、ピザ、フレンチフライ等々の油っぽい食事である。子どもの体にも良くないと思ったMさんは、キッチンを借りて、日本食を作り始めた。1週間に1回程度、ホームステイ先の家族も一緒に日本食を楽しむのはいいが、Mさんは、それから毎日、ご飯を炊き、味噌汁を作って、子どもと2人で別に食事をするようになった。ホームステイ先の家族が気分を害するのはあたりまえだし、これではなんのためにホームステイしているのか全くわからない。結局、Mさん親子は、2週間後には、ウィークリー・マンションに引越し、日本と全く変わらない生活となった。

もし、これが子どもひとりで留学していれば、現地の食事はこういうものだと理解し、家族と一緒に食卓を囲んで、今日あったことや、明日の予定等を話していたはずだ。また、好き嫌いの多かった子どもも他人の釜の飯を食べることで、次第にいろいろなものが食べられるようになったりする。油っぽい食事が毎日続けば、子どもであってもさすがに飽きてくるだろうが、そういう時は、週末に、外食やテイクアウトで中華や和食を食べて、自分でなんとかやりくりしていく道を探し出すものである。Mさん親子のようなやり方では、いつも2人で食卓を囲み、話す言葉は全て日本語、これでは、子どもは生活する場所を海外に移しただけで、日本に滞在している時とあまり変わっていないことになる。

また、子どものトラブルに親がすぐ出ていくということも、親子留学では少なくない。住み慣れない外国で暮らしているのだから、トラブルは当然、発生する。しかし、留学当初は、何が起きているのかよく観察し、すぐには行動に起こさないことだ。英語力不足によるミスコミュニケーションや、また子どもレベルでの喧嘩は、日本にいても起こりうる。子どもが問題を抱えても、親がすぐにしゃしゃり出ず、子どもがどのように解決するのか見守ってほしい。

たしかに、親が出てくることによって、問題が早く解決することも多いのは事実だが、逆に、些細な行き違いが大きな問題に発展してしまうことだってある。もし、子どもがどうしたらよいのか迷っていたり、子どもから助けを求めてきたら、その時は、まずアドバイスをして、子どもが自分自身で解決できるよう、導いてほしい。自分の力で問題を解決できれば、子どもも自信を持つようになり、自立への一歩を踏み出してくれるはずだ。

――苦労は半分、楽しみは倍以上の「家族留学」――

最後に紹介したいのが、「家族留学」という形態である。

私が、母親と子どもだけの留学よりも、家族全員での留学を好ましいと思うのは、父親が子育てに参加することによって、留学生活の負担がぐっと軽くなる、ということもある。まず、母親ひとりでは、病気になった時大変だが、父親が控えていれば、なんとかやりくりができるだろう。それに、日本にいた時には、縦の物を横にもしなかった父親が、夕食を作るようになったり、自分の家で使うテーブルや棚を自分で作ったりするようになるのも珍しくない。子ども達にとって、日本にいる時の父親像は、夜遅く帰宅して、朝ご飯抜きで出社し、週末は一日中ごろごろと居間に寝転んでテレビを見ているというものだったのが、海外に行ったら、すっかり頼もしいお父さんに一変するのも驚きである。

また、起こった問題をすぐに家族全員で共有できることも、家族留学の強みだ。たとえば、母親と子どもだけが留学している場合、何かトラブルが起こった時、現場の状況を見ていない父親は、「そんな問題、簡単に解決できるだろう?」と言うか、はたまた「そんな問題が起きるんだったら、心配だからすぐに日本に帰って来い」ということになりかねない。

もちろん、家族で留学したからといって、問題が起こらないわけではない。しかし、問題が起きたときに、すぐに相談し合える場があり、そして、父親も含めた家族が皆、問題の状況を同じようにシェアできるということは、子育てをするにあたって、一番大切なものだと思う。実際、日本では難しいことではないだろうか?

もう1つ、家族留学では、苦労が少なくなる一方、楽しみは増えることを付け加えておきたい。海外では、週末、一家揃って、近くの山にハイキングに行ったり、川や湖で釣りを楽しむなど、日本ではなかなかできない豊かな休暇を共にするチャンスが多い。冬は、近くのスキー場に日帰りで遊びに行き、夏は、ゴルフやテニスを夕方からでも、安い値段で、楽しめたりもする。

日本での仕事を辞めて、家族全員で長期の予定でカナダに留学した35歳のFさん一家のケースを紹介しよう。

Fさん一家は、夫婦に幼稚園児と小学校2年生の子どもという4人家族。日本では、バリバリの仕事人間であったFさんだが、仕事で忙しく過ごしながらも、子育てに父親が介入するのは絶対に必要だと感じていた。日本で仕事をしている限り、それは不可能だと思ったFさんは、思い切って仕事を辞め、家族全員でカナダに留学することを決意した。

一家族が外国にいっぺんに移り住むのは、そう簡単ではない。まずはお金の問題がある。最初から海外で働くことはほとんど不可能なので、滞在中に必要な一切の費用を留学前に用意する必要があるし、不在中の日本の家はどうするのかという問題も生じてくる。また、家族留学をする場合、現地に親戚あるいは懇意にしている友人がいない限りは、現地のコーディネーターに依頼した方が安全である。ただし、コーディネーターに依頼する場合は、どこまで世話をしてくれて、いくらお金がかかるのか、必ず事前に確認しておいた方がよいだろう。

家族留学という夢を実現させるため、Fさんは、留学時期を考える1年前から、私たちのオフィスに来て、「場所はどこにするのか?」「子どもの学校はどのように見つけるのか?」「費用はどれくらいかかるのか?」「親は英語学校に通える時間はあるのか?」等々、事細かな相談をしている。留学を開始するまでの1年間の間に、Fさんは、少なくとも2回は渡航して現地の様子を確認し、万全な体制を整えた。ちなみに、父親と小学生の子どもは学生ビザを取得し、母親と幼稚園の子どもは父親の扶養家族として渡航した。

なぜ、カナダを選んだかというと、移民で成り立っていると言っても過言でないカナダは、外国人に対しての偏見も少なく、またバンクーバーは、多くのアジア人が移住していることもあり、住みやすいと判断したからである。

夫婦ともども、英語力はそれほどないFさん一家は、当初、両親双方が英語学校に行くことを考えていたが、子どもの学校の送迎を考えると、2人一緒に通学することは難しいと断念。最初は、Fさんのみが英語学校に通うことにした。Fさんは、日本でコンピュータ関係の仕事をしていたため、英語力がつけば、カナダでそのような仕事につくことができるかもしれないと期待していた。(実際に職につくことはかなり難しいことではあるが…。)

Fさんの奥さんは、子どもの同級生の親や学校関係者とコミュニケーションを取ることにより、英語力をつけていけばよいのではということになった。

無事カナダに渡航してから半年たった今、小さな問題は数々あるようだが、Fさん一家は、子どもを通して仲良くなった、韓国人移民のファミリーやカナダ人のファミリーと、週末はバーベキューを楽しんだり、キャンピング用具を一式購入して、夏休みにはキャンピング場に一家揃って出かけ、釣りやハイキングを楽しむ生活をしている。

Fさんは、家族で行く留学について、バラ色の夢をただ抱いていたわけではない。「物事が全て順調に進まないことが当然。日本にいたら、自分ひとりで解決してきたことも、カナダに行けば、お互いに助け合って、全員で解決しなければならないこともあるでしょう。それがあってこそ、家族留学ですよね」という彼の言葉は、家族留学を考える際の、基本的な姿勢と言えるだろう。

家族留学は、私の会社でも1年に1家族お世話するかどうかのまだまだ珍しいケースだが、一番重要な子育ての時期に、1年、いや3ヶ月でもよいから、子ども達と一体になって生活してみることを一度考えてみてはどうだろうか？ 家族の新しい生き方がそこで見つかるかもしれない。

▼親子留学で気をつけなければいけないこと

・とにかく子どものことを第一に考える。留学先や期間について親の希望や都合で決めない。親の英会話学校通学はあきらめなければいけない場合もある。
・父のみ在日、母子の長期留学は、家族・夫婦の絆を確かめながら。
・子どもの学校の行事に参加すれば、英語力もアップし、様々な情報も知ることができて一石二鳥。
・日本と同じ生活を親子で送るのは留学の意味がない。子どもに干渉しすぎず、見守る忍耐も必要。
・一家まるごと移り住む「家族留学」は、家族の絆が深まり、父も積極的に子育てに参加する。

第8章　低年齢児が行くサマースクールの実態

――まずはサマースクールを体験してみよう――

幼いうちから留学はさせたいが、最初から長期で行かせるにはまだまだ不安なので、2〜4週間の短期サマースクールで様子を見てみたいという親が増えている。

サマースクールには様々な種類がある。宿泊施設を持たない通いのプログラムもあれば（この場合は、親が近くのホテルやコンドミニアムに滞在し、送迎をする）、寮やホームステイを利用できるものもある。

長期留学の場合は、受け入れ先の学校が入学時の最低年齢を制限することも多く、また国によっては、単独の学生ビザが取得できないところもある。だが、サマースクールは6歳からでも受け入れるものもあり、学生ビザも必要としない場合がほとんどだ。ユース向けのサマースクールを行う海外の学校は年々増える傾向にあり、それに応じて、日本人の参加も増加している。

日本の子どもたちがグループになって一緒に日本を出発し、ホームステイや寮滞在をしながら、現地で英語研修や課外活動に参加するものもあれば、単独で現地に飛び、サマースクールに参加するものもある。

サマースクールやキャンプは、国や地域によっても特徴があり、子どもの目的にあったプログラムを選択することができる。スイスは6歳から、イギリスは8歳から受け入れているプログラムを持つところが多いが（長期留学と同様、低年齢児のケアに学校が慣れていることもある）、アメリカは、最低参加年齢が10歳以上のところが多い。また長期留学と異なり、英語研修を組み込んだプログラムが多いため、英語力が全くなくても受け入れてくれるところが多い。

海外生活を体験し、将来の留学の感触を得るために、

スイスTASISのサマーキャンプに世界各国から参加した小学生たち。安心して子どもを任せるためにスタッフの人数も重要なポイントだ。

サマースクールは良いきっかけとなると思う。だが、サマースクールは家族で行く「海外旅行」とは違うという点で、いくつか親が心に留めておかなければならないことはあるだろう。次に、その例を紹介してみたい。

――親の前では「いい子」が豹変する――

親は我が子のことなら何でもわかると思っているだろうが、親と一緒の時に見せる子どもの顔は、ほんの一部分である。親元を離れた子どもが実際はどうなのか？　友達とどんな会話をしているのか？　他人にはどのような態度を取っているのか？　怒られる人がいない環境に子どもが行ったらどんな行動を取るのか？　そんなことが、サマースクールに参加すると、非常によく見えてくる場合がある。

親の前では、常に良い子でお行儀の良い子どもが、一旦親から離れると、とんでもない行動を起こす場合がある。ある夏、カナダへのサマースクールに参加する小学校4年生の男の子が、成田空港で見送りに来た親から離れた途端に、空港中、奇声を上げて走り回り始めた。その子は、飛行機の中でも、フライト・アテンダントから注意されても、フライトの間中、通路を走りまくり、終始乗客から顰蹙《ひんしゅく》を買った。最終的に、航空会社から、帰国便に親が同乗しないと彼を飛行機に搭乗させないと警告され、親は彼のサマースクールの最終日にカナダに飛び、子どもと一緒のフライトに乗らざるを得なくなってしまった。

ただし、このような、トラブルと言えるような事件でも、それをきっかけに我が子の本当の姿を知ることができる。その意味で、親にとっても、サマースクールは貴重な機会となるかもしれない。

――カギとなるのは語学力より表現力――

サマースクールの受け入れ先は、学校やプログラムにもよるが、語学力を求めることは少ないので、誰でも参加できる。サマースクールに参加する低年齢児の子どものほとんどは英語力が全くないが、それでも入学は可能なのだ。もちろん、言葉ができなければ、問題は起こる。受け入れ先が一番困るのは、子どもが困っていることが何なのか？　してほしいことは何なのか？　何が悲しくて泣いているのか？　がわからない時だ。

中学生、高校生にもなれば、話せなくても辞書を引き引き、問題点を紙に書いて伝えることはできるが、アルファベットも書けない子どもにとって、自分が困っている状況を表現できるかどうかで、サマースクールを楽しく過ごせるか、つらい時間になるのかの分かれ目になる。

言葉以外の手段、たとえばボディ・ランゲージや、絵で描くなど、なんらかの形で表現する能力や意欲がない子は、せっかくサマースクールに行っても、先生からも友達からも理解されずに、ぽつんと取り残されてしまうだろう。

――携帯を持たせられた子は孤立する――

また、子どもの様子が常に知りたいので、携帯電話を持参させる親がいる。心配なのはわかるが、12歳未満の子どもが1人で飛行機に乗るときには、航空会社の人間が責任をもって現地の空港送迎者に引き渡すサービスをしているので（航空会社によっては、これを義務付けるところもある）、日本の空港から飛び立った子どもたちが途中で迷子になって、目的地に着けないということは100％ない。したがって、子どもの1人旅は、かえって安全なのだ。

それに、携帯電話を持っていなくても、学校のパソコンを使ってメールでいつでも連絡が取り合えるし、緊急事態が起きれば、学校の先生からすぐに連絡が来るので、全く心配することはない。

携帯電話を常に持っている子どもは、寂しくなるとすぐに親に電話をするので、いつまでも友達ができない。自由時間に友達とゲームをしたり、スポーツをして遊んだりすれば、言葉ができなくても仲良くなれるのに、その時間は全て親との電話の時間になってしまうからだ。せっかく親元を離れて自立の芽を引き出すチャンスなのに、そのチャンスをみすみす逃していることになる。子どもはできないとわかれば諦めも早い。最初から、日本から飛び立ったら親と連絡が取れないとわかっていれば、現地の生活に入っていこうという踏ん切りもつき、泣いてもすぐに親に話せないとなれば、自分で何とか苦しい気持ちを先生に伝えようと思うようになる。

サマースクールに参加する子どもにとって、一番つらいのは友達ができないことだ。友達さえできれば、言葉なんてうまく通じなくても、十分楽しい時間を過ごすことができる。親といつまでも繋がっている子どもは孤立の一路を走ることになるだろう。

──子どもが楽しめるサマースクールの過ごし方──

英語力はないが、ネイティブの子どもたちと一緒にサマースクールを楽しみたいと思っている子どもには、アクティビティ主体のキャンプがよいだろう。英語力がなくても一緒にスポーツをしたり、粘土、紙、木工で工作をしたり、火薬を詰めてロケットを作ったりして、外国人や現地の子どもたちと十分に交流ができる。中学生になって、英語を習い始め、文法や読解力があるが、どうも会話は苦手だと思っている子どもにもこのキャンプは有効だ。

アクティビティだけではなく、英語の授業もやっぱり必要と考えている子どもには、英語のレッスンを午前中にして、午後はスポーツやアクティビティ、そして週末は、校外の街にショッピングに行ったり、スポーツ観戦や遊園地に出かけるものがよい。

北半球の国々は、6～8月が夏休みなので、この時期にサマースクールが開催されるが、南半球のオーストラリアやニュージーランドでは、通常の学校の授業が行われている。したがってサマースクールはない。しかし、ホームステイをしながら、午前中は英語の勉強、午後はアクティビティをするものや、中学校・高校の授業を実際に体験できるプログラムがある。

私の生徒で、12歳の男の子がアメリカのサマースクールに参加した。英語力もなく、非常に心配性の子だったが、帰国後に、次のような感想を述べている。

「僕は、このプログラムに参加してあらためて感じたことがあります。それは、最初からやろうとしてもダメだということです。僕ははじめ、まわりのネイティブな子達と話そうと、何度もチャレンジしましたが、無理でした。少しずつやりとげていかなきゃできるわけないと考えました。1ヶ月なんて長いと思ったけど、やっぱりあっという間でした。こんなに自分に合ったサマースクールは他にないと生活してみて感じました」

また、ニュージーランドのサマープログラムに参加した11歳の女の子は、こんな感想を述べている。

「私は、初めて1人で外国に行ったけど、楽しかったです。私が一番楽しかったのは、アクティビティのレーザーフォース（レーザービームが出る棒を持って戦うもの）でした。レーザーフォースは、スリルがあって、話したことがなかった外国の子とも、作戦をたてたりする時に、英語を使って友達になれました。ホームステイ先の子どもに少しいじめられたりしたけど、スタッフの人にグチをきいてもらったりして、なんとかのりきりました。来年も必ず行きます！」

この感想文を読んで、「子どもたちは、本当にたくましい」と思う。親の心配をよそに、ひとりでも子どもたちは、何とかやっていく力を持っているのだ。自分の子どもには無理だと思わずに、チャレンジさせてほしいし、また、子ども自身が躊躇《ちゅうちょ》していたら、その背中をちょっと押してあげるのも、親の役目だろう。

――サマースクールの経験を生かすために――

「目覚まし時計を掛けても、ひとりでは起きられなかった子どもが、自分で起きられるようになった」「知らない人には挨拶ができなかったのに、元気よく、挨拶ができるようになった」「自分の食べた食器はテーブルの上に置きっぱなしだったのに、ちゃんと台所に持っていくようになった」「学校や遠足に出かける持ち物の準備が自分でできるようになった」

サマースクールから帰国した子どもたちの親から、このような嬉しい成長ぶりを聞くことがある。サマースクールの間だけではなく、帰国してからも、身に付けた良い習慣を続けてほしいと願う一方で、それを妨げてしまうのも親である。

子どもが自分で何かをやるには時間がかかるものだが、時間のない親はついつい手を出してしまう。目覚まし時計が鳴っているのに気付いた親が、子どもが自分で起きる前に声を掛けて起こしてしまったり、学校に遅刻するからと心配して、学校への持ち物を全て親が準備してしまったりしがちだ。とにかく、時間がかかってもそこは我慢である。

また、サマースクールの成果には、「褒める教育」も大きな役割を果たしている。日本と異なり、海外の教育はしかることより、褒めることから始まる教育だ。子どもが自分でやったことが、親の満足がいかない結果であっても良しとして、どうか褒めてほしい。そして、「こうしたらもっと良かったね」と教えることも大切である。

日本の子どもたちは褒められることに慣れていないので、褒められるととても嬉しいのだ。褒められて嬉しくない子どもはいないと思う。子どもは親に褒められると嬉しいから、もっとうまくやって、次はもっと褒められたいと思うようになるだろう。そして、子どもが自分でできるようになったら、少しずつ、大人として扱うようにすればよい。

また、サマースクールで体験した、日本ではやったことのないスポーツや楽器で、子どもが興味を持ったものがあれば、できるだけ続けさせてあげたい。乗馬、ゴルフ、ロック・クライミング、ドラムやフルートの演奏等、日本ではなかなか体験できないものが多く、それらを続けるには難しいこともあるだろう。しかし、続けることによって今まで見たことのない子どもの可能性を見出すこともあるし、子どものポテンシャルを引き出すきっかけになったりする。

最後に、サマースクールで友達になった外国人と、つたない英語でもよいから、コミュニケーションを続けるよう、子どもを促すことも忘れないでほしい。たとえば、スイスのサマースクールに参加した子どもが、ロシアやアラブ、そしてアフリカからの子ども達と帰国後もメールで連絡を取れば、その子たちの国で何が今起きているのかに興味を持ち、世界で起こる事件を身近に感じるようになり、関心を持つようになる。「国際人」とは、単に語学ができるだけでなく、こうした世界的視野を持つ人を指すのではないだろうか。

▼低年齢児のサマースクールで気をつけなければならないこと

・英語力はなくても自分の欲求や感情を何らかの形で伝える力や意欲があれば、なんとかなる。
・現地に早くなじませるためにも携帯電話は持たせない。
・英語力がない子には、アクティビティ主体のキャンプがおすすめ。
・サマースクールで身に付けた自立の精神を帰国後も尊重してあげる。

第9章 「成功する」留学に必要な親子の絆

——子どもが小さいうちは、親と離れて住まない——

自分が英語力がなくて苦労したから、子どもには絶対に英語力をつけさせたいと思っている親（特に母親）が多い。

たしかに、中学1年生から高校3年生まで6年間英語を勉強しても、まともに話せるようになれる日本人が少ないことも事実だ。よって、親は、幼少期から英語を子どもたちに教え込もうとする。私は、幼児教室で週に何回かお遊びのように英語を勉強することには大賛成だが、いくら低年齢からの学習が英語の習得に効果的だからといって、小学校低学年から子どもひとりで留学させることには反対だ。

留学時期については、子どもの成長度をじっくり見て、慎重に判断しなければならない。バイリンガル脳は10歳までに作られるとも言われているが、いくら語学の能力が優れていたとしても、人間としての善悪を教わらないまま社会に出ることになっては本末転倒のはずだ。10歳で善悪の分別がつく子どももいると思うが、実際は、そうでない子の方が多いだろう。語学習得の目的のためだけに、低年齢からひとりで留学させることだけはやめてほしい。

子どもは、親の背中を見て育つと言われているし、子どもは親の生き方を親が思っている以上に見ている。子どもが親の言う事を聞く年齢は、遅くても中学校1年生くらいまでではないだろうか。早い子では、小学校高学年になると、親に口答えをして、親の言う事を一切聞かなくなる。その頃までに、親には物事の善悪を子どもに教える義務があり、また、その家庭、家庭の考え方や、受け継がれてきた習慣を子どもに伝えることが必要だと私は思う。少なくとも10歳くらいまでは手元に置き、親の愛情をたっぷりと注いでほしい。

――子どもの成長には、親から離れることが必要――

子どものことは自分が一番よく知っていると勘違いしている親は多い。もちろん、コンサルティングをする際、親から、子どもの性格、育ってきた環境、現在の悩みを聞くことも大切だが、聞きながら、この親は果たして子どもの状況や本当の気持ちをどれだけ理解しているのだろうかと、いつも疑問に思う。カウンセリングで子どもをさし置いてしゃべり続けるのと同じように、自分では子どもと会話をしていると思っていても、それは母親が一方的に話しているだけのことで、子どもの話なんて全然聞いていなかったりする。それで、どうやって子どもの気持ちがわかるというのだろうか？

どの親でも子どもへの愛情が深いことは否定しない。ただ、その愛情が深すぎて過干渉となり、子どもが負担に思っていることもある。たとえば、「弁護士になるのがいいわ、アメリカのロースクールに行ったらどう？」などと、子どもの将来を勝手に決めてしまう親が多い。なぜ弁護士なのか、その子のどういうところが弁護士に向いていると思うのか、そんなことは一切おかまいなしに、「社会的に地位が高い」などと漠然としたイメージと自分自身の憧れだけで、子どもの進路を決定しようとする。そして、親が子どもの将来のレールを敷くのが当然だ、と信じている。子どもが何になりたいのか、何をしたいのか、そんなことを親は知ろうともしない。あるいは、将来について迷う子どもに、「あなたには夢がない」と非難するのが関の山だ。

そうかと思えば、子どもが抱く夢を否定する親もいる。「医者になりたい」と目を輝かせる子どもに、「あなたにそんな能力なんてあるわけないじゃない」と冷水を浴びせかけ、せっかくの希望を残酷に打ち砕く。どうして、「そう。医者になりたいの。その夢をかなえるためには、どうしたらよいのかな？」という一言が言えないのだろうと、そうした場面に出会うたびに思う。

ブロードウェイの舞台に立つ役者を目指す子、ファッション・デザイナー、医者、パイロット、フライト・アテンダント、通訳、会計士、証券マン、商社マン、心理学者、教師、弁護士、建築家、サッカー選手、メジャーリーグで活躍する野球選手…「将来なんて、別に考えていない」「サラリーマンでいい」という子どもたちだって、本当は、夢を様々に抱きたいはずだ。どうか、子どもたちの夢見る心を、親がつぶさないでほしい。

子どもが自分の夢を自分で考えるようにさせる第一歩は、親から離れ、親の無言のプレッシャーから解放させてあげることだ。留学は、その大きな助けとなるだろう。

——ひとりになったら、子どもは「自立」を目指す——

私は、中学生になったら、子どもと親には適当な距離が必要なのではないかと思う。一緒に住んでいると、どうしても子どもがやること、なすことが気になって、口を出してしまいがちだ。問題が起きたときに、子どもたち同士で十分解決できることも、ついつい我が子かわいさ、我が子を守りたい一心で、親がすぐにしゃしゃり出てしまったりする。しかし、近くにいると見えないことでも、遠く離れることにより、かえってわかることもある。その意味でも、留学は、子どもの自立の大きな助けとなるのだ。

小学校を日本で修了後、中学1年生でアメリカのボーディング・スクールに留学したSちゃんの例を紹介しよう。Sちゃんは、ひとりっ子なので、彼女のやることなすこと、両親は気になってしょうがないという状態だった。このままではどうしても過干渉になってしまうと心配し、Sちゃんに社会性、協調性を身につけてほしいと考えた両親は、彼女を自分たちの手元から離し、留学させることにしたのである。

中学生がひとりで外国に行って、なんの問題も起こらないはずがない。これまでも本書で述べてきたようなルームメートとのトラブルや、寮の部屋での盗難等々、様々な困難が、彼女の前に待ち受けていた。大切なひとり娘と遠く離れて、両親もさぞかし心配だったと思うが、Sちゃんは、少しずつ、親や私の助けなしで、自分の力で様々なトラブルを解決できるようになっていった。そんな彼女も今年、高校を無事に卒業し、これからアメリカの大学に進学する。両親が願ったように、ひとりの自立した人間に成長し、新たな一歩を踏み出した彼女にとって、数々の困難を乗り越えてまっとうした中学・高校での留学生活は、これからの人生の大きな支えとなるだろう。

親から見る子どもは、いくつになっても子どもで、頼りなく思えるかもしれないが、いつまでも親子が一緒にいることはできないし、またそうしてはいけない。子どもは、いつか巣から飛び立ち、自分の足で歩き始める運命なのだ。馬やキリンが産まれてまもなく、親の手を借りずに自分の足で立ち上がる姿を見たことがあるだろう。馬やキリンの赤ん坊と同じように、自分で立ち上がって歩く力を、子どもが持っていることを信じてほしい。そして、不必要な手助けはしない、と心に決めてほしい。自立とは、人間が本来持っている力（ポテンシャル）で、数々の問題や困難を乗り越えられること、そして、自分の足でしっかり大地を踏みしめ、自分の将来について責任を持つことだ、と私は思う。

―「成功する」留学は、子どもに自信と生きる意欲を与える―

はたして何をもって留学が「成功」と言えるのか？　と自問することがよくある。親から見た「成功」は、高校留学であれば、高校の卒業証書を取得すること。そしてさらに「成功」と思うのは、有名な大学への合格を勝ち取ること、かもしれない。

しかし、子どもから見た「成功」とは一体なんだろうか？　留学した子どもたちが、留学を終えて後、自分の留学を「成功した」「失敗した」とすぐに結論づけることはない。留学は人生の1つの通過点であり、彼らの人生はまだこれからも続く。その時は「失敗」だったと思っても、後になって「成功」に変わることだってあるのだから。

留学の「成功」「失敗」の中身は、人それぞれだろう。だが、留学コンサルタントという仕事をしてきて、私が確信していることがある。留学によって、子どもが親から自立し、親が我が子の巣立ちを受け入れることができれば、極端な話、落第しても学校を追い出されたとしても、その留学は成功なのだ。

一口に「自立」といっても、それこそ、いろいろな意見があるだろうが、私の考えはこうだ。

30歳、40歳になっても親のパラサイトで生きていくのではなく、どんな困難が起きても、自分の力で、それを乗り越えようとする意志、努力を身に付けること。今日、嫌なこと、苦しいことがあっても、それは必ず乗り越えられ、決して解決しない問題はないということを知ること。また、皆が一緒の考えや行動をする必要はなく、違う個があってこそ、生きていく上で面白いのだと理解できるようになること。違う個同士が集まって、同じ目標を達成する時こそ楽しいのだということ。また、自分の人生について責任を持とうと思うようになること…。

留学で得た経験、そして友人は、一生の宝となるに違いない。

この本の最初の方で、「留学はすべてを解決する魔法ではない」と書いた。でも、留学で身に付く、このような「生きる力」こそが、人生に多くの魔法を与えてくれるものであることは間違いない。ひとりでも多くの子どもたちが、留学によって、自信と生きる意欲を持つようになり、そして、親と信頼しあえる強い絆を育めるようになるよう、いつも私は祈りつつ、仕事をしている。

おわりに

この仕事を始めた18年前は、留学する子どもたちと少し（いや、だいぶかな？）年の離れた「お姉さん」であった私も、今ではすっかり「お母さん」の年齢になってしまった。私には自分の子どもはいないが、お世話をさせていただいた子どもたちを、時には我が子のように思ってしまい、本気で怒ったこともしばしばだ。悪さばかりしているけど、なぜか憎めない。「もうこの子の面倒を見るのはごめんだ！」と思っても、なぜか気になって手助けをしてしまう。

どんなに問題児に見える子にも、必ず良いところがひとつはある。もちろん悪いところは直してほしいが、良いところをどんどん伸ばせば、悪いところが気にならなくなったり、「まあ、いっか」と思えてくるから不思議だ。

卒業して何年経っても、電話を掛けてきてくれる子もいる。でも、電話があるのは、決まって「自分が困ったとき」、そして「アドバイスが欲しいとき」「お尻をたたいてほしいとき」だけだ。「たまには、私を喜ばせるような話はできないの?」と思うこともあるが、こんな私でも頼りにしてくれると思うと、やっぱり嬉しくなる。

この18年間の私の成長は、留学を通して苦楽を共にした子どもたちと親の皆さんのおかげと言っても過言ではない。共に悩み、泣き、笑い、喜び、一緒に時を刻んできた。彼らがあってこそ、今の私がいる。そして、「世界に関心をもち、大きな志と素直な心で伸び伸び生きる日本の若者を育てる」というミッションの下、一緒に働いてきた、ＥＤＩＣＭのコンサルタント仲間にも感謝したい。自分ひとりでは、到底解決できなかった数々の悩みを、彼らはシェアし、助けてくれた。ひとりでこの仕事をしていたならば、とてもこんなに長く続けてこられなかっただろう。

また、この本を書くにあたり、編集面で多大なるご協力をいただいた生活文化ジャーナリストの加藤裕子さんに大きな感謝の意を述べたい。この1年間にわたって、筆が進まない時の私のお尻をそっとたたいてくれたり、日々の仕事に終われ、疲労困憊している私を励ましてくれたり、原稿の内容が面白いと、「これはいける!」と勇気付けてくれた。また、出版に際しては、大修館書店編集者の北村和香子さんにも大変お世話になった。お二人がいなければ、この本は、決して日の目を見ることはなかっただろう。

最後の最後に、親子の絆にまつわる「ちょっといい話」をして、締めくくりとしたい。留学する前は、「口うるさい母親、何もしない父親」と、自分の両親にうんざりしている子どもたちが多い。だが、留学してしばらく経つと、彼らは、「親に感謝している」と口を揃えて言うようになる。ただ、恥ずかしいので、親がいる時に、この台詞は、決して言わない。親の前ではいつまでも減らず口をたたく彼らだが、心の中では、親への感謝でいっぱいなのだ。

しかし、「親が自分にしてくれたこと（つまり留学させてくれたこと）を、自分が親になったとき、自分の子どもにさせてあげられるか？」と聞くと、「たぶんできないと思う」と答える。金銭面でかなりの負担がかかっていることがわかっているからだ。でも、私は、留学させてもらった子どもたちは、将来、自分が親になって、子どもが留学したいと言ってきたら、必ず留学させてあげると信じている。親とは、たぶん、そういうものだと思うから。

二〇〇六年九月

条原京美

オーストラリア

■在日オーストラリア大使館
http://www.australia.or.jp/

■オーストラリア政府教育情報センター
http://www.study.australia.or.jp

ニュージーランド

■在日ニュージーランド大使館
http://www.nzembassy.com

■ The Online Learning Center
★ニュージーランドの教育省サイト。私立校・公立校共に掲載している。
http://www.tki.org.nz/e/tki/

■ Boarding Schools Association N.Z.
★ニュージーランドの寮制学校のサイト。
http://www.boarding.org.nz/index.html

ヨーロッパ

■ ECIS（European Council of International Schools）
★ヨーロッパ・インターナショナル・スクール協会。世界各地のインターナショナル、アメリカン・スクール情報を掲載。
http://www.ecis.org/

■私立校協会：TABS（The Association of Boarding Schools）
★アメリカ、カナダ、ヨーロッパにある私立校寮制学校協会のサイト。
http://www.schools.com

■外務省
★各国・地域情報や渡航者、海外在住者のための情報、ビザ情報などを紹介している。
http://www.mofa.go.jp/mofaj/

［巻末付録①］

●留学情報収集に役立つサイト一覧

アメリカ

■在日米国大使館

http://japan.usembassy.gov/tj-main.html

■日米教育委員会（通称：フルブライト）

★中学・高校留学情報はなく、主に大学、大学院への留学情報。

http://www.fulbright.jp

カナダ

■在日カナダ大使館

http://www.canadanet.or.jp

■ CAIS（Canada Association of Independent Schools）

★カナダ私立校のサイト。寮制学校のみならず、通いの学校も掲載。

http://www.cais.ca

イギリス

■ UK NOW

★英国大使館、ブリティッシュ・カウンシル（イギリスの公的な国際文化交流機関）、英国政府官公庁などが共同で運営するサイト。

http://www.uknow.or.jp/

■ ISC（Independent School Council）

★イギリス私立校協会のサイトで、1,276校の私立校情報を掲載。

http://www.isc.co.uk/

■ BSA（Boarding Schools' Association）

★イギリス寮制学校のサイト。

http://www.boarding.org.uk

〈英語〉

Dear Mr. & Mrs. Oliver

Greetings from Japan. We are Satoko and Hiroshi, Sho's parents. Sho will be staying with your family from January 26th.

Thank you so much for accepting our son to be part of your family.

It is the first time for him to live overseas away from home, so we are very concerned if he will be alright. Sho has been playing soccer since the 3rd grade, and other than that, he also likes basketball. He also loves to play the guitar, and he practices it all the time. He is basically a bright, energetic, and positive boy, but since he has little English skills, we assume he will be quiet at first. If there are any problems, and he is misunderstanding something, we think it may help if you wrote it down on a piece of paper and show it to him.

Sho is allergic to cat hair, so we would be grateful if you could be careful that cats do not enter his room as much as possible.

If you have any other concerns about Sho, please do not hesitate to let us know. We look forward to meeting you in New Zealand some day.

Sincerely yours,
Satoko & Hiroshi Sakura

[巻末付録2]

●ホームステイ先に書く手紙の文例

〈日本語〉

オリバー夫妻様

　私たちは、そちらのご家族に1月26日からお世話になることになりました翔の両親で、聡子と宏と申します。

　この度は、我々の息子をそちらのご家族の一員として迎えていただきまして、ありがとうございます。

　彼にとって、我々から離れて海外で生活することは今回が初めてのこととなりますので、我々は彼が問題なくやっていけるか心配しています。

　彼は、サッカーを小学校3年生からやっており、またバスケットボールも好きです。ギターを弾くのも好きで、いつも練習しています。基本的には、元気で明るく前向きな少年ですが、英語力がないので、最初は静かにしていると思います。もし、何か問題があって、彼が理解していないようでしたら、紙に書いて渡していただければと思います。

　また、猫の毛のアレルギーを持っているので、猫が彼の部屋にできるだけ入らないよう考慮していただければ幸いです。

　彼について気になることがありましたら遠慮なく、私どもにご連絡くださいませ。いつか、ニュージーランドでお目にかかれることを楽しみにしております。

佐倉　聡子・宏

[著者紹介]

粂原京美（くめはら　きょうみ）

青山学院大学文学部を卒業後、総合商社勤務を経て、イギリス・ケンブリッジに語学留学。帰国後、英語学校にて、インストラクターのマネージャーとして勤務。その後、(株)海外教育コンサルタンツ（EDICM　http://www.edicm.jp）に入社し、現在、同社取締役。18年間、小・中・高校生の留学コンサルタントをしている。子どもの留学を通して、教育問題、親子関係、夫婦関係のカウンセリングもしている。2001年には、世界に約250名しかいないIECA（独立教育コンサルタント協会）の正式会員に日本人で初めて認定される。世界で訪問した学校数は、350校を超える。趣味は旅行で、訪問国は、70カ国以上。

[編集協力]

加藤裕子（かとう　ひろこ）

生活文化ジャーナリスト。早稲田大学卒業後、女性誌の編集者を経て、99年にフリーランスに。同年渡米。アメリカのベジタリアン事情、食生活、健康志向などをテーマに取材。帰国後は日米のメディアで活動している。著書に『寿司、プリーズ！～アメリカ人寿司を喰う』（2002年　集英社新書）、『食べるアメリカ人』（2003年　大修館書店）、『「シャキッと炒める」を英語で言うと』（2002年　幻冬舎）などがある。

間違《まちが》いだらけの海外留学《かいがいりゅうがく》
——親《おや》と子《こ》に贈《おく》る「成功《せいこう》」のルール

NDC375　xiii, 183p　19cm

初版第1刷——2006年11月1日

著者————粂原《くめはら》 京美《きょうみ》
発行者————鈴木一行
発行所————株式会社大修館書店

〒101-8466 東京都千代田区神田錦町3-24
電話 03-3295-6231（販売部）03-3294-2357（編集部）
振替 00190-7-40504
［出版情報］http://www.taishukan.co.jp

装丁者————中村友和（ROVARIS）
印刷所————広研印刷
製本所————関山製本社

ISBN4-469-24518-6　Printed in Japan